コスパ&リーズナブル キャンプギア

価値ある高コスパとリーズナブルな**キャンプ道具**選びの本

コストパフォーマンスの高い「長く使える」「買ってよかった」キャンプ道具と
リーズナブルで便利に使えるキャンプ道具をピックアップしました。

ソロで、カップルで、そしてファミリーで行くならいくらかかる?
さまざまなシチュエーションに合わせた予算を提案をします。
はじめて道具を選ぶ「ビギナーキャンパー」から
少しずつキャンプ道具を増やしている「これからキャンパー」、
そして安いものでも見極めてから買いたい「ベテランキャンパー」にも届く
価値ある高コスパ&リーズナブルなキャンプ道具を、一冊まるごとレビューします。

価値あるリーズナブルな
キャンプ道具選びの本

068 第**3**章 はじめてキャンパーさんが
　　　　　 ぜったい欲しい! 憧れブランド

価値あるキャンプ道具を選ぶブランド別セレクション

070 スノーピーク
世の中にない革命的な価値のあるキャンプ道具を生み出す

073 モンベル
手に届きやすい価格ながら高機能なキャンプギアが揃う!

076 プリムス
世界中のアウトドアマンから愛されるスペシャルブランド

077 トランギア
北欧のアウトドア大国スウェーデンを代表するトップブランド

078 イワタニ
アウトドア料理の救世主イワタニのこんろが優秀なのだ!

079 コールマン
永く愛してキャンプ道具を使い続ける事
これがコールマン流儀のリーズナブル!

082 ソト
青い炎を生み出す唯一無二のアウトドアブランドだ

085 キャプテンスタッグ
使いやすさ、購入しやすさを大切にした
アウトドア総合ブランドなのだ!

088 エイアンドエフカントリー
いいモノだけを世界から!
創業期から日本のアウトドアを支えてきた

091 ユニフレーム
アウトドアの楽しさを引き出す!
炎を燃やし続けるユニークなブランド

094 ロゴス
メイプルリーフが目印の家族が笑顔になる道具が揃う

097 ディーオーディー
真面目な機能性とふざけたネーミング
使ってみたら、しみじみ良いギアが揃う

100 ニトリ
気軽におウチでもキャンプでも使える!
ニトリ目線が嬉しいリーズナブルなギアが揃う

102 ワークマン
高機能プラス驚きの低価格でキャンパーから熱く支持される

104 新進気鋭のキャンプ道具ブランド

106 お問い合わせ一覧／エピローグ

本文中の価格は全て税込価格になります。

ホビージャパン
リーズナブル
キャンパーの心得 **5**ヶ条

1.ゴミへの意識を高く持つ!

サッカーファンのゴミ拾いを見習うべし。
キャンパーも日頃からゴミを意識し、ゴミ拾いを。
現状復帰ならぬ現状よりもより綺麗に。
気持ちよくキャンプを愉しむための大切な心得とすべし。

2.自分がやられて嫌な事はすべきではない!

気持ちよくキャンプを愉しむために酒を飲むなら飲まれない。
失敗は成功の元。イライラしない、人に当たらない、深夜は騒がない。
グッドマナーで、自分がやられて嫌なことは、
絶対にしないように心掛けるべし。

3.キャンプは自然とともに、ルール厳守!

キャンプは、調理や焚き火など火器を扱うことが多いゆえ、
天気という自然、環境という自然を熟知するべし。荒天時は安全第一。
清く順延、中止も。暑さ寒さ対策。湿度や温度差など体調に注意。
危険な河原、中洲など安全確保ができない場所でのキャンプは絶対NG!

4.一人はみんなのために。 みんなは一人のために。

キャンプは協調と協力。みんなで楽しいキャンプを。
役割分担をし、準備と計画がもっとも大切。道具も事前に、開けて閉まってみる。
テントやタープ、調理器具や焚き火道具など整理整頓してみんなでチェック。
無理な計画、準備の不足、忘れ物、事故もゼロへ!

5.キャンプ道具に愛情を。永く付き合える相棒とすべし!

正しく使って、ながーく愛して。キャンプ道具は
使ってナンボ。キャンプ以外でも家でも使ったり、
広げてみて、使い方や注意点をしっかり何度もチェックすべし。
キャンプ道具のメンテナンスも楽しく!

コスパ&リーズナブル キャンプギア

CONTENTS

006 第1章 リーズナブルなキャンプ道具を揃えたい!

ワークマンに100円ショップwithニトリのアウトドアグッズを選んでキャンプへ行こう!
お、ねだん以上! 価値のあるキャンプ道具はコレで決まりだっ!

008 予算別ベーシックなキャンプ道具選び
まずはワークマンで選ぶ!
基本のキャンプ道具一式セット

012 アウトドアでコーヒーを飲みたい! チェアリングのススメ!
椅子とテーブルとコーヒー道具を選ぼう!

014 アウトドアで寛ぐために
さらに広がるチェアの世界

016 リーズナブルながら便利で使える
テーブルコレクション!

018 タープと椅子とテーブルで楽しむ!
デイキャンプのススメ!

020 はじめてキャンパーさんはまずは野外で寝てみよう!
コスパ絶品テントとシュラフ

022 ワークマンと100円ショップで
テントとシュラフ選びコレクション1

024 高機能でリーズナブルな
テントとシュラフ選びコレクション2

026 お楽しみのアウトドアクッキングに挑戦。
コスパ最高のキッチン道具を選ぼう!

028 アウトドア料理にあれば便利な
リーズナブルキッチン道具たち

030 アウトドアで食べる! 飲む!
便利に使える道具を選びたい

032 キャンプサイトを快適にする
収納&キャリー道具と便利ギア

034 キャンプで楽しく過ごすための道具
ハンモック/ランタン&ライト/燻製ギア

036 火を起こして一晩ぼーっとしていたい!
憧れの焚き火!

**038 第2章 お値段別、100円ショップで選ぶ
リーズナブルなキャンプ道具ベストバイ**

DAISO/Can★Do/Seria/Watts
ベテランキャンパーさんも目からウロコのキャンプギア

040 メスティンとストーブがあれば野遊びが100倍楽しくなる
100円ショップで選ぶ
1000円払うならコレを買いなさい!

042 メスティンでまずは米を炊こう!

044 3種の鉄板と焼き網とアルコールストーブで
ソロキャンプデビューしたい

046 シェラカップとコップ、お水は
キャンプでぜったいの必需アイテム

048 カップ&カテラリー&クッカーセット!
まだまだあるぞ! シェラカップ用ギア

050 メスティンで蒸し焼く煮る料理に挑戦しよう!

052 メスティン3段活用! 奇跡のスタッキングで
3サイズのメスティンを最強に使いこなしたい!

054 焚き火ギアは100円ショップで大人気アイテムなのだ!

056 キャンプでバーベキュー!
100円ショップでガッチリ買いましょう

058 便利に使えるバーベキュー道具
キャンプで楽しいBBQで盛り上がろう!

060 100円ショップで選ぶ便利グッズ!
コレもあったらいいね!!

062 100円ショップの
スタッフがオススメするキャンプ道具!

064 人気のキャンプ系ユーチューバー&
インスタグラマーが選ぶ
コスパ最強!
リーズナブルなキャンプ道具

※記事内における情報は原稿執筆時のものです。店舗により取扱いがない場合や価格変更および販売終了の可能性もあります。あらかじめご了承ください

第1章

リーズナブルなキャンプ道具を揃えたい！

ワークマンに
100円ショップ
withニトリの
アウトドアグッズを選んで
キャンプへ行こう！

お値段以上！価値のあるキャンプ道具はコレで決まりだッ！

ネットやアウトドアショップの店頭で
憧れのキャンプ道具を前に
不安‼ と期待‼ で興奮した
物欲の嵐が吹き荒ぶ、
大混乱の中でギア選びをしてしまうと
それはもう大変だッ！

はじめてのキャンプには予算がどれぐらいかかるのか？

そこでオススメしたいのが
はじめてキャンパーさんのお財布に優しく
ご予算おさえて、リーズナブルに
キャンプ道具を揃えられるのが

今噂のワークマンだ！

キャンプに必須のテント、シュラフ、チェアにテーブルなど
本当に使えて、価格もリーズナブルな逸品が揃う。

そして、大注目！
レジャー用品の宝庫！
アイデア満載の100円ショップ
ダイソー、キャンドゥ、セリア、ワッツで揃う野遊び道具を厳選してみた。

安いから、使えないなんてことはまったくなくて
お役立ち度満点ながら
えッ！ このお値段で、本当にいいのか？
と、買う方が心配になってしまうほど。

スグレモノでお安いギアが続々発売される
ミラクルワールドから、日々足繁く店頭に通って、
ネットをチェック＆チェックしながら
必死に探した格安アイテムをお届けします‼

そして、ニトスキなど隠れたキャンプ道具の名品を生む
ニトリのアウトドアギアもお値段以上に使える！

というわけで、低予算でいながら
楽しいキャンプをするなら
まずはこちらからキャンプ道具を選びたい！

予算別ベーシックな キャンプ道具選び

キャンプ道具を手堅く買うためのファイナンシャルプランニング!

まずは
ワークマンで選ぶ!
基本のキャンプ道具
一式セット

ソロでのキャンプ、カップルでのキャンプ、仲間と行くグループキャンプに家族とのファミリーキャンプと
それぞれのスタイルでベースとなるテントやシュラフなど基本のキャンプ道具をワークマンで仕立ててみた。
こちらをベースにまずは予算をしっかり頭に叩き込んでから道具選びをしよう!

1名 ソロキャンプ

ワークマンで
憧れのソロキャンプ!

01	【WEB限定】BASICドームテント1人用（キャノピー110cm）	4,900円
02	断熱アルミフィールドシート	1,500円
03	BASICスリーピングバッグ	1,500円
04	燃え広がりにくいローチェア	1,780円
05	耐熱アルミテーブル	980円
06	パラフィン帆布フィールドシート	1,500円
07	フォールディングスクエアグリル	3,900円
08	焚火耐熱シート	1,280円

合計お買い上げ金額　17,340円

ワークマンで、ソロキャンプの基本セットを考えるとテントと寝具（シュラフ）、シートも入れて7900円で揃えられる!! これは現在ワークマンでしか揃えられない破格のプライスだと断言できる。

さらに、これらにチェアとテーブル、焚き火も調理も楽しめるグリルをセットすると1万7340円と、まずは2万円以下で基本セット一式が揃うことになる。

こちらにダイソー、キャンドゥ、セリア、ワッツの100円ショップやニトリ商品を組み合わせてキャンプ道具をピックアップすれば、手堅く、かつリーズナブルにキャンプデビューができる。

2名 カップルキャンプ

ワークマンのギアで2人でキャンプを楽しみたい!

01	【WEB限定】耐久撥水ワンポールシェルター 4人用テント	17,800円
02	【WEB限定】10㎝(センチ)インフレーターマット	(4,900円×2名) 9,800円
03	BASICスリーピングバッグ	(1,500円×2名) 3,000円
04	燃え広がりにくいローチェア	(1,780円×2名) 3,560円
05	耐熱フィールドテーブル	1,900円
06	パラフィン帆布フィールドシート	1,500円
07	フォールディングスクエアグリル	3,900円
08	焚火耐熱シート	1,280円

合計お買い上げ金額	42,740円

カップル2人でキャンプを愉しむならば、定員人数に余裕のあるテントを選びたい。ワークマンのお洒落な耐久撥水ワンポールシェルター4人用で1万7800円と、こちらもサイズと人数と機能性を考えると格安の逸品と言える。

そして、寝心地も良く快適に過ごすために、10センチインフレーターマットをプラスしたい。

さらに、『燃え広がりにくいローチェア』が2脚分で3560円。ワンポールシェルター等諸々で、ちょっと贅沢感がありながら、4万円ちょいの予算は、さすがワークマンならではリーズナブルな価格だ。

3名 グループキャンプ

仲間でわいわい
グループキャンプならこのセット!

01	【WEB限定】耐久撥水ピラミッドシェルター 3人用テント …………	19,800円
02	【WEB限定】10cm（センチ）インフレーターマット …	(4,900円×3名) 14,700円
03	BASICスリーピングバッグ ………………………	(1,500円×3名) 4,500円
04	レジストスクエアタープ ………………………………	4,900円
05	耐熱フィールドテーブル ………………………………	1,900円
06	燃え広がりにくいローチェア ……………………	(1,780円×3名) 5,340円
07	【WEB限定】パラフィン帆布ロングフィールドシート …………	2,300円
08	フォールディングスクエアグリル …………………	3,900円
09	フォールディングメッシュファイアースタンド …………	2,400円
10	焚火耐熱シート ………………………………………	1,280円

合計お買い上げ金額	**61,020円**

仲間で、キャンプ道具をシェアして買えば、ひとり当たりの予算をおさえることができる。

耐久撥水ピラミッドシェルター3人用テントは1万9800円。マットやシュラフ、ローチェアはそれぞれが購入し、テントとそのほかは、人数分でシェアする。

焚き火とグリルを分けて、フォールディングメッシュファイアースタンド2400円を、フォールディングスクエアグリル3900円と合わせて購入。コスパ最高のレジストスクエアタープは、4900円と破格のプライスで日差しや雨対策もバッチリ。

4名 ファミリーキャンプ

ワークマンのギアなら家族みんなが笑顔になる！

01	【WEB限定】耐久撥水3ルームシェルター 4人用テント	27,800円
02	【WEB限定】10㎝（センチ）インフレーターマット	(4,900円×4名) 19,600円
03	BASICスリーピングバッグ	(1,500円×4名) 6,000円
04	レジストペンタゴンタープ	5,800円
05	ワイド耐熱フィールドテーブル	3,500円
06	燃え広がりにくいローチェア	(1,780円×4名) 7,120円
07	【WEB限定】パラフィン帆布ロングフィールドシート	2,300円
08	フォールディングスクエアグリル	3,900円
09	フォールディングメッシュファイアースタンド	2,400円
10	焚火耐熱シート	1,280円

合計お買い上げ金額　79,700円

家族4人で、ファミリーキャンプへ。4名分ともなると、やはり10万円オーバーのテントに、4人分のシュラフとマットに、チェアと、予算以上の出費が必須。行きたいけれどやっぱりお金がない。あー、やっぱりウチはいけないね（涙）、となる。家族分の基本のご予算が最大のネックとなるはず。で、ワークマンで、キャンプ道具のファイナンシャルプランニングをしてみよう。耐久撥水3ルームシェルター4人用テントが2万7800円。

これで3ルーム。シュラフ4名分で6000円。快適マットはちょい高くて4名分で1万9600円。しかし眠りは大事なのでここは予算をかけて。レジストペンタゴンタープ5800円に、ワイド耐熱フィールドテーブル3500円、チェア4脚で7120円。メッシュファイアースタンドとスクエアグリル諸々で、合計7万9970円！ 家計をやりくりしてなんとか捻出したい。明確な目標金額を確認し、資金計画をしっかりと考えてキャンプ道具を揃えよう！

椅子とテーブルとコーヒー道具を選ぼう!

まずは野外遊びの手始めとして、野に出て、
太陽の下で、コーヒーを飲んでみよう!
コーヒー道具と椅子。テーブルを持ち出して。
気持ちよく、椅子に座って、風を感じながら
ゆっくりと、時間をかけてコーヒーの香りを楽しみたい。

アウトドアでコーヒーを楽しむための道具

折りたたみコーヒードリッパー	110円
円すい形ドリッパー専用コーヒーフィルター	110円
コーヒーミル	550円
ステンレス マグカップ	110円
ステンレスボトル	999円
燃え広がりにくいキャンピングチェア	3,900円
耐熱アルミテーブル	980円
お買い上げ合計金額	**6,759円**

折りたたみコーヒードリッパー
110円
DAISO/Can★Do/Seria/Watts
軽量コンパクトなドリッパー。どこへでも持って行ける便利な逸品だ

【WEB限定】
燃え広がりにくいキャンピングチェア
3,900円　WORKMAN
ワークマンの魅力的なチェアがコレだ。アウトドアで映えるカーミットタイプ。座り心地も良く、ゆったり座れるカッコいい逸品なのだ

耐熱アルミテーブル
980円　WORKMAN
W約35×D約21×H約8.4cmのワークマンの耐熱テーブル。三つ折りにして収納できるコンパクト仕様で重量も約390gと持ち運びも楽ちんな上に、コスパ最高のテーブルだ

100円ショップとニトリのコーヒー道具を手堅く選ぶ
ワークマンの椅子とテーブルを持って野外へ!

キャンプに行くと、時間を気にしながら、テントやタープを張って、寝床を作って。キッチンを設置して食事や宴会のためのテーブルと椅子を並べる。細々とした道具は使える場所に整理整頓。焚き火も食事も準備しなくてはと、にかくやることがたくさんある。はじめてキャンプに行く慣れない作業で、さらに時間がかかる。本当は、自然の中でリフレッシュするために、キャンプに来たのに、なんだか忙しい。そうならないように、まずはゆっくりコーヒー

ステンレス マグカップ 約250cc シルバー
110円　Watts
軽くて丈夫なステンレスマグ。飲み物を愉しむためにシェラカップとマグカップはキャンプ必須アイテム

アウトドアでコーヒーを飲みたい! チェアリングのススメ!

コレもあったらいいね!

無漂白コーヒードリッパー
110円　DAISO

粉コーヒーをセットして素早くコーヒーをドリップしたい人には、こちらの携帯できる無漂白ドリッパーが便利

【WEB限定】アウトドアコーヒードリッパー
660円　Watts

折りたためて、質感もいい。ステンレス製のドリッパー。軽量でどこでも持ち運びできるお洒落なドリッパーだ

コーヒーフィルターケースダークグレー
110円　DAISO

紙製のコーヒーフィルターの湿気や水濡れを防ぎつつ、どこに入れた? と探し回らないようにケースに入れたい

ドリップカップ シルバー
1,290円　NITORI

内容量/350ml

沸騰したお湯を入れて、コーヒーを飲むのに最適な温度にするためのギアとして活躍。コーヒーのドリップに最適な注ぎ口が嬉しい

アウトドア コーヒーメーカーカップセット
1,100円　Can★Do/DAISO

コーヒー豆を挽き、ドリップして、カップもセットされているオールインワンの便利モノ。こちらも軽量でミル、ドリッパー、カップ×2をスタッキングして持ち運びも軽々

ステンレスボトル TAF2-530
999円　NITORI

内容量 約530ml

ニトリで熱々のお湯を持参するためのボトルを選ぼう。キャンプには保温保冷ボトルも必須の道具なのだ

コーヒーミル
550円
DAISO/Can★Do

豆の粒度は5段階の調節が可能な手挽きコーヒーミル。しっかりと挽くこともできるコスパのいいアイテムだ

円すい形ドリッパー専用コーヒーフィルター
110円　DAISO

折りたたみコーヒードリッパーに合わせて円すい形のコーヒーフィルターを選びたい

をドリップして、心とカラダを鎮めたい。

アウトドアでチェアに座り、静かに時を楽しむのもいい。普段はあまりしないけど、コーヒーミルで、豆を挽き、ドリッパーでハンドリップしてみる。お湯はボトルに熱々を仕込んで。もっとお手軽にというのなら、粉コーヒーでドリッパーで入れるか、インスタントのコーヒーでもOKだ。さらに100円ショップではカップとコーヒーメーカーがセットになったスグレモノもあるから、こちらもオススメ!

はじめてキャンパーさんにオススメなのは
キャンプ場でデビューする前に
椅子をひとつ選んで、
野外で、ゆったりと過ごしてみることだ。
風を感じて、青空の下で
リーズナブルなチェアを選んで
ひとりで、二人で、仲間と、
そして家族で過ごす。
アウトドアならお庭でもベランダでもOKだ。
チェアを持ってアウトドアへ行こう!

折りたたみ椅子
220円　Can★Do
折りたたみ椅子は、座ることも、足置きにも、ちょっとしたテーブルにもなるリーズナブルな逸品。ベテランキャンパーさんも焚き火の時などに愛用することが多いのがコチラだ

コンパクトチェア
550円　DAISO
アームレスで、さらにお安く、軽くなったコンパクトチェア。ゆったり座るというよりは、キャンプで、座って作業したりすることがあれば、コチラがオススメだ

スリーポールチェア
330円　DAISO
スリーポールの軽量コンパクトなチェア。持ち運びもスペースを取らず、少し腰掛けて休むなど、使い方を考えるととっても便利なモノだ。カスタムしてオリジナルチェアにするのも◎だ

【WEB限定】
燃え広がりにくい
ダブルキャンピングベンチ
8,800円　WORKMAN
こんな椅子が欲しかったというのがワークマンから登場。お父さんか、お母さんと子供。カップルで、仲のいい友達と二人で。ダブルベンチでワイワイできるチェアだ

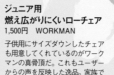

ジュニア用
燃え広がりにくいローチェア
1,500円　WORKMAN
子供用にサイズダウンしたチェアも用意してくれているのがワークマンの真骨頂だ。これもユーザーからの声を反映した逸品だ。家族で野遊びに揃えたい

ワークマン&ニトリの椅子か、100円ショップのコスパ最高のチェアを選ぶ!

二人で楽しむことができるワークマンのダブルキャンプベンチがイチ推しだ。そして、焚き火の火の粉が飛んできても燃え広がりにくいローチェアや、お子様のためのジュニア用ローチェアがワークマンならでは。コスパ最高の椅子なのだ。

ニトリからは、軽くて持ち運びも簡単なアルミのローチェアをチョイスしたい。さらに、100円ショップからはワッツのフェルムチェアやダイソーのアームチェアなど、お手軽ながら財布に優しく、はじめてキャンパーさんにはお試ししたい。意外と使えるのが、折りたたみ椅子。焚き火や調理の時の腰掛けに。またはチェアのオットマンとして、足をのせても気持ちがいい。コンパクトチェアやスリーポールチェアも、たとえば生地の部分を自作カスタムすれば、意外と映える逸品になる。アイデア次第で、自分好みの椅子に仕立てるのも楽しい。

さあ、さっそく次の週末は、眺めのいい場所で。チェアを持ち出してのんびり過ごそう。

燃え広がりにくいローチェア
1,780円 WORKMAN

コンパクトに収納できて、持ち運びもカンタン。座り心地も良くて、ちょっとした小物も椅子下に収められる便利なローチェア。焚き火の近くでも安心の燃え広がりにくい加工がされている

アルミローチェア
4,990円 NITORI

アルミを使ったフレームで、軽くて座り心地もいいニトリのローチェア。ニトリは他にもアウトドアを楽しむための便利なアイテムが揃うので公式通販サイトなどをしっかりチェックしてほしい

アームチェアー
1,100円 DAISO

もっともポピュラーなアーム付きで、飲み物も置ける便利なアームチェア。座面や背もたれにクッションを用意するなどすればコチラでも十分、チェアリングが楽しめるのだ

レジャーイス
（背もたれ付）
330円 DAISO

ちょっと座って休みたい、というときに、軽くてコンパクトでお手頃価格のコチラの椅子がオススメだ。折りたたみ式で、さらに背もたれも付いている

フェルムチェア
¥2,200 Watts

ダークグレー&チャコールグレーの2色から選べて、コストパフォーマンスが良いワッツのバケットタイプのチェア。軽量でコンパクトだから、どこへでも持って行ける気軽さがいい

例えば、チェア全部お買い上げで、合計金額 21,800円

がら便利に使える テーブル コレクション!

チェアに合わせてテーブルを選びたい。
軽量でコンパクトだから
持ち運びも楽々。
キャンプで活躍してくれる
コスパ最高の便利なテーブルコレクションだ

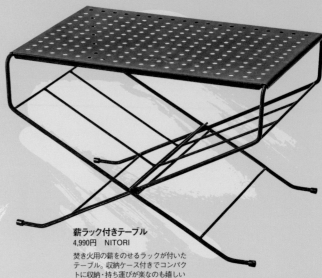

【WEB限定】
コンパクトバーナーテーブル
1,870円 Watts

バーナー使いには嬉しいコンパクト
なテーブル。調理のためのキッチン
になる便利な逸品だ

薪ラック付きテーブル
4,990円 NITORI

焚き火用の薪をのせるラックが付いた
テーブル。収納ケース付きでコンパク
トに収納・持ち運びが楽なのも嬉しい

Montagna モンターナ
高さ2段階調整ポータブルテーブル 40cm
1,760円 Watts

アルミテーブルは2段階いの高さ調整ができ
る。コンパクトにたためる便利なテーブルだ

【WEB限定】
アウトドアメッシュ＆アルミテーブル（60cm）
2,860円 Watts

ロースタイルのテーブルはメッシュとアルミの
2wayで見た目もスタイリッシュな便利テーブルだ

ワイド耐熱フィールドテーブル
3,500円 WORKMAN

ワイドサイズでゆとりがある耐熱テーブル。
組み立てもカンタンで、早く設置可能だ

耐熱テーブルに、たきぎラック付きテーブルなど用途に合わせて選びたい！

椅子の高さに合わせて、テーブルもセットで選びたい。ソロキャンプや二人のキャンプの場合は、軽量でコンパクトなモノで組み立てなどもカンタンなテーブルがいい。さらにローハイで、2ウェイの高さが調整できるタイプのテーブルも、便利に使うことができるのでオススメだ。また、バーナーを使うことを考えてピッタリハマるコンパクトバーナーテーブルも、ソロキャンプでは活躍するアイテムだ。ニトリのたきぎラックが付いたテーブルなど、アイデアが光る逸品は用途に合わせて選ぶといい。ワークマンの耐熱テーブルは、文字通り火に強いので、テーブルの上で火器類を使って調理することも可能なのが嬉しいところ。サイズもコンパクトとワイドが揃い、どちらも組み立てやすく、軽量なので持ち運びにもストレスがない。

リーズナブルな

第1章
リーズナブルなキャンプ道具を揃えたい！

アルミテーブル
980円　WORKMAN
組み立て式で、持ち運びも
コンパクトになるリーズナ
ブルなアルミテーブル

**【WEB限定】
ライトテーブルSブラック**
3,080円　Watta
軽くて、持ち運びが楽な
テーブルは、キャンプに
ベストなテーブル

**【WEB限定】
ヴィンテージ調
2WAYテーブル
ハーフメッシュ**
3,850円　Watts
ヴィンテージ風味がお
しゃれな2WAYテー
ブル。使い勝手がいい
ハーフメッシュ仕様だ

耐熱フィールドテーブル
1,900円　WORKMAN
コンパクトサイズの耐熱テーブル。ソ
ロキャンプにオススメのアイテムだ

折り畳みテーブル
550円　DAISO
折りたたみ式でコンパクトに
なり、軽いから持ち運びも楽。
ちょっとした物を置くのに便
利なコスパ最高のテーブル

例えば、テーブル全部お買い上げで、合計金額**25,340**円

とテーブルで楽しむ! デイキャンプのススメ!

お気に入りのチェアとテーブル
そしてタープもいっしょに選んで
お手軽なデイキャンプへ行こう。
日帰りで、はじめてのタープ張り。
これができれば、はじめてキャンパーを
卒業できること間違いなしなのだ

**【WEB限定】
燃え広がりにくいスクエアタープ**
6,800円　WORKMAN

タープデビューに適したワークマンのリーズナブルな
スクエアタープ。8箇所に搭載されたグロメットとルー
プ。5本継231cmポールは高さ調整可能。サイトに合
わせた自由なレイアウトが可能なのが嬉しいポイント。
こちらのタープで気持ちいいデイキャンプを楽しもう

ティー&コーヒープレス（約350ml）
550円　DAISO

紅茶もコーヒーも茶葉かコーヒー粉を入れ、
お湯を注いでカンタンにプレスできる。
350mlだからまとめて数人分、ファミリー
やグループキャンプで活躍してくれる

アルミボードテーブル
1,430円　Can★Do

ローチェアにぴったりの軽量かつコンパクトなアル
ミテーブル。持ち運びもこれなら楽で、コーヒーや
カップラーメンを楽しむのに最適のテーブルだ

燃え広がりにくいローチェア
1,780円　WORKMAN

火の粉が飛んできても燃え広がりにくい加工素材を
使ったチェア。コスパ最高で、収納時はコンパクト
なサイズで持ち運びしやすく、組み立ても簡単。座
面も広くてゆったり座れるのもいい

コスパ最高のタープを張って気持ちいい青空の下でデイキャンプを楽しみたい

キャンプに行くと、テント設営
に調理と、いろいろやらなければ
ならないことだらけだ。ならば、
テントも調理もしないで、とりあ
えず、タープとチェアとテーブル
を持って、天気の日にデイキャン
プにトライしてみるのはどうだろ
うか。

タープ。これはロープの扱いや
ポールの立て方、風向きなど、テ
ントの設営と同様にテクニックが
いるアイテム。ゆえに、ベテラン
キャンパーさんがいっしょならば
安心だ。もし、知り合いにはいな
いよ。という時は、まずワークマ
ンのホームページで、タープの設
営動画を何回も見て、段取りを覚

えれば安心だ。

第1章 リーズナブルなキャンプ道具を揃えたい!

コレもあったら
いいね!

【WEB限定】
レジストペンタゴンタープ
4,900円　WORKMAN

はじめてキャンパーさんにオススメのコスパ最高のタープ。水をはじきやすい加工を施した素材を使い、高さ調整可能な5本継231cmポール2本に付属が全て揃ったオールインワンパッケージ

【WEB限定】
レジストペンタゴンタープ
5,800円　WORKMAN

設営、撤収に慣れるなら、こちらもタープデビューに適したタープだ。基本スペックと付加機能も充実し、Φ5mmリフレクターロープにアルミスライダーを使用。Φ8mmのスチールペグを標準装備している

【WEB限定】
燃え広がりにくいワイドペンタゴンタープ
9,800円　WORKMAN

ファミリーキャンプが楽しめるワイドタイプのペンタゴンタープ。ワークマンの得意な燃え広がりにくい機能を有している。ロープもペグもポールもセットで、あとはハンマーさえあればすぐに設営可能だ

真空断熱
超保温・保冷ボトル
(N-HEATEX 500mL)
2,990円　NITORI

こちらは真空断熱により、保温力も保冷力も強力な使い勝手のいいボトルだ。寒い時期や真夏の暑い時は、ニトリの超保温・保冷ボトルが活躍してくれる

【WEB限定】
手挽きコーヒーミル
¥1,210　Watts

ソロキャンプにも重宝するアウトドアでも簡単にコーヒー豆を引けるコーヒーミル。円柱形のコンパクトなデザインがいい感じだ。在庫限りのワッツWEB限定品

ステンレスボトル
TAF2-530
999円　NITORI

持ち手が付いて持ち運びやすいステンレスボトル。お湯を入れてコーヒーやカップラーメンを。熱い季節には水も入る大きな口径が◎だ

TCサバイバルタープ
9,800円 WORKMAN

こちらはベテランキャンパーさんにオススメのタープ。ダイヤモンド張りの他、ステルス張りやピークフライ、パップスタイルなど、設営方法は無限大。ぜひ、いろいろ試してタープを使い倒して、アウトドアで遊びの幅を広げたい

タープでテントを作る!
変幻自在のタープ術を学びたい

ベテランキャンパーさんにオススメなのが、タープの使い方。こちらをうまく使うとタープでテントが作れるし、パップスタイルなど、野営設置ができる。「タープでテントを作る」で、ネット検索してみると参考になる動画も多数ある。変幻自在のタープ使いをマスターして、サバイバルキャンプにトライしてみるのも楽しい

えること。そして、お家でタープのパーツを広げて、ペグやロープをチェック。ロープの結び方も学んで、設営、撤収をシュミレーションしてみよう。キャンプ場以外で、タープが張れそうな場所があれば、できるだけ風が吹いていない環境でトライしてみたい。最初は綺麗にはれなくても、場数を踏めば必ずできるはずだ。そして、完成したタープの下で、チェアとテーブルをセットしてコーヒータイム。ボトルに入れたお湯を使って作ったカップラーメンも格別に美味しい!

※記事内における情報は原稿執筆時のものです。店舗により取扱いがない場合や価格変更および販売終了の可能性もあります。あらかじめご了承ください

で寝てみよう！ コスパ絶品 テントとシュラフ

ワークマンのリーズナブルな
テントとシュラフを選んで
野外泊を体験してみよう。

【WEB限定】
BASICドームテント 1人用（キャノピー110cm）
4,900円　WORKMAN

クロスボールタイプの吊り下げ式で、設営も簡単。キャノ
ピーポールを使えば前室設営も可能。荷物やテーブルを置
いたり、雨よけ、日差しも遮ってくれるスグレモノだ

シュラフで寒い冬も快適に！
お家で使うシュラフの使い方

シュラフをキャンプの時だけにしか使わな
いのはもったいない。お家で暖をとるときに、
椅子に座って、シュラフに足を入れていれば
これだけで暖かい。足元に断熱アルミフィー
ルドシートをひいておけば、さらにいい。キ
ャンプ道具のシュラフを上手く使って、冬場
の節電に。暖房費用のコスト削減。コレがリ
ーズナブルな使い方だ

【WEB限定】
10cm（センチ）インフレーターマット
4,900円　WORKMAN

寝心地満点の弾力性と柔軟性のある厚
み最大10cmのポリウレタンを採用し
たマット。長さ190cmとゆったりサイ
ズ。収納袋付きで持ち運びにも便利な
ので車中泊や防災用にも◎だ

価値ある低価格！
ワークマンで寝る道具を選ぶ

キャンプに行ってあれこれ楽
しむために、まずは一度テントと
寝袋＝シュラフを野外に持ち出
して、一晩を過ごしてみたい。
テント設営と寝床の確保が始
めの一歩。ワークマンのリーズ
ナブルなBASICドーム
テントとシュラフが、は
じめてキャンパーさ
んの入門編にはピッ
タリだ。

テントは、構造がシン
プルなドーム型で、5000
円以下の価格は実にお値打ち。
生地の撥水性も十分で、背面には
換気にちょうどいいベンチレー
ション。内部には収納ポケットや
ランタンなどを吊るせるフック
まで付いている。

シュラフは、ワークマンが得意
とする高機能中綿素材シンサレ
ートを採用し、軽量で保温性に優
れ、保温と蒸れにくさも両立して
いる。低価格で高機能と価値ある
逸品だ。

はじめてキャンパーさんはまずは野外

コレもあったら
いいね！

【WEB限定】
燃え広がりにくいアルミコット
5,800円　WORKMAN

マットと共に、コチラのアルミコット
があれば、寝心地最高の夜が過ごせる

【WEB限定】
パラフィン帆布ロングフィールドシート
2,300円　WORKMAN

テントのアンダーシートに是非欲しいの
がコチラ。寒さや湿気を防いでくれる

【WEB限定】
3Mシンサレートインナーシュラフ
3,500円　WORKMAN

シュラフの中で使うシーツ。汚れも
防げて、一枚あるとさらに暖かい

【WEB限定】
3Mレジストスリーピングバッグ
6,800円　WORKMAN

コスパ最高のシュラフは、高水準な断熱性
を誇る3Mシンサレート。ふんだんに使っ
た中綿で軽くて暖かい。さらに耐久撥水機
能があり汚れもつきにくいのが嬉しい

【WEB限定】
断熱アルミフィールドシート
1,500円　WORKMAN

ワークマンのソロテントにジャストサ
イズのインナーシート。表側ははっ水
加工。裏側はアルミ加工を施し、断熱
性にも優れている。ピクニックなどの
レジャーマットとしても利用できる

アウトドアで寝るための道具

BASICドームテント　　4,900円
断熱アルミフィールドシート 1,500円
3Mレジストスリーピングバッグ　6,800円
10cm（センチ）インフレーターマット 4,900円

お買い上げ合計金額　**18,100円**

テントとシュラフ選び コレクション1

ワークマンと100円ショップで
テントとシュラフを選んでみよう。

ライトレジストドームテント 1人用
7,800円　WORKMAN

エントリーモデルからワンランクアップ。アルミを使った総重量2.4kgと軽量なテント。スカートも各所にDカン付きでペグの固定もできるスグレモノだ

BASICドームテント 1人用
4,900円　WORKMAN

スペックと価格がはじめてキャンパーさんにうってつけのエントリーモデル。設営と撤収方法はワークマンの動画でじっくりみて予習復習してから、実践してみよう!

【WEB限定】
レジストツーリングテント 1人用
9,800円　WORKMAN

ツーリングに最適な1人用テント。ロープは、リフレクターロープを付属し夜間の視認性も向上させ、スライダーは使い勝手を考えてアルミ製を使用したソロキャンプにもいい逸品だ

【WEB限定】
BASICスリーピングバッグ
1,500円　WORKMAN

スタンダードな封筒型シュラフはとってもリーズナブル。中綿がしっかりと保温性を高め、表生地は撥水加工が施されている。収納袋にはパススルーベルトを装備し、携帯もしやすい

まずは、ソロキャンプとデイキャンプにお手軽なテントとシュラフ選び

ワークマンからは様々なソロ用テントが揃っている。どれもリーズナブルでありながら、機能性も充実したモノで、用途に合わせて選びたい。また、100円ショップでも、夏場のデイキャンプなどに最適なサンシェードや組み立て式のドームテントがある。コチラもお手軽にキャンプを楽しむにはコスパがいいアイテムだ。さらにシュラフは、ワークマンの最もベーシックなスリーピングバッグ1500円。夏場のキャンプにオススメ。さらに、機能性がアップした3Mスリーピングバッグなどもあり、リーズナブルながら使える寝る道具を選びたい。

【WEB限定】
レジストドームテント 1人用
5,800円　WORKMAN

カラーは自然に映えるブラックとカーキ
の二色展開したエントリーモデルの上位
版。冷気から幕内（テント内）を守って
くれるスカートを標準搭載している

【WEB限定】
マクラ付き
自動膨張マットベージュ
2,530円　Watts

枕付きのマットは
自動で膨張するス
グレモノだ

【WEB限定】
組立式1人用ドームテントグリーン
2,420円　Watts

1人用ドームテントで2500円以下と
破格のドームテントは夏場の日差し
避けや子供のお休み所にもいい

【WEB限定】
組立式2人用ドームテントツートンベージュ
2,640円　Watts

コチラはもう少し広めで設営が
カンタンで、リーズナブルな2
人用ドームテント

シュラフ（封筒型、カーキ）
1100円　DAISO

封筒型なので、敷布団
や掛け布団にもなるシ
ュラフ。防災用にも備
えておくといい、リー
ズナブルな寝袋だ

クイックエクスパンドサンシェード
1,100円 DAISO

100円ショップで人気のシェードは、
夏場やちょっとした日除けにワンタ
ッチで広げられて便利。テントの中
にインナーとして使うのもいい

3M（スリーエム）
スリーピングバッグ（キャンプ用：封筒型）
5,800円 WORKMAN

3Mスリーピングバッグを2つ用意し、繋げて使
えば大型シュラフに。ファミリーにオススメだ。
中綿には3Mシンサレートを使用し、内側には
ブロックフリースを採用し、あたたかい

【WEB限定】
INAREM（イナレム）シュラフカバー
2,900円　WORKMAN

シュラフにかぶせて水濡れや汚れを防ぐ
ためのカバー。暑い時期はシュラフ代わ
りに使うことも可能なスグレモノだ

【WEB限定】エアディメンションマットレス
4,900円 WORKMAN

ワンランク上の寝心地を実現した三次元
網状繊維構造体のマット。家庭で洗える
素材でお手入れもカンタン。抗菌加工も
されていて衛生的。ショルダーストラッ
プ付きで持ち運びも楽なのだ

第**1**章　リーズナブルなキャンプ道具を揃えたい！

例えば、テントとシュラフ全部お買い上げで、合計金額 **53,190**円

テントとシュラフ選び コレクション2

ワークマンならではの
性能の高いテントとシュラフをチョイスしよう。

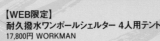

【WEB限定】耐久撥水軽量マウントテントSOLO
12,800円 WORKMAN

ポール、ペグともにアルミ製のワークマン最軽量ワンポールソロテント。フライシートは耐水圧2,000mmの本体生地で雨にも対応している。付属のインナーテントは全方向がメッシュ素材で風通しもいい

【WEB限定】
耐久撥水ワンポールシェルター 4人用テント
17,800円 WORKMAN

ワンポールデビューにオススメの逸品。インナーテントがないので、設営の手数が少なく簡単に組み立て可能。フロアシート一体型のシングルウォールタイプで、各所ベンチレーションと出入り口も多めに配置し、換気対策も万全だ

高機能でリーズナブルな極上のテントとシュラフ

ワークマンのキャンプ道具は年々充実したラインナップとなっている。4900円のテントに始まり、今では高性能の3人用、4人用シェルターまで幅広く、価格を抑えて、しっかりと使えるテントが揃っている。

注目アイテムは、耐久撥水軽量のマウントテントSOLO。そして、ワンポール、ピラミッド、2ルーム、3ルームのシェルターまで、どれも手頃な価格ながら、性能の高いアイテムばかり。ワークマンならではの素材使いと多機能で、圧倒的にリーズナブルだ。

そして、シュラフでも長年培った高性能素材フュージョンダウンを使用した優れた保温力は、真冬の寒さにも耐えられる。リーズナブルキャンプにオススメのギアだ。

【WEB限定】
耐久撥水2ルームシェルター 3人用テント
19,800円 WORKMAN

インナーテントとリビングスペースが分離した2ルームタイプ。サイズが大きくてもできるだけ簡単に設営できるようにこだわった。すべてのドアにメッシュが附属。最大天井高195cmでカンガルースタイルにも使用出来る

鍛造(たんぞう)スチールペグ 25cm
199円 WORKMAN

高性能で低価格を実現した。金属を叩いて圧力を加えることで強度を高める「鍛造」製法で作られた変形しにくいペグ。全長約25cmで、ペグの打ちにくい場所でも使える

電動ドライバー対応スクリューペグ 25cm
299円 WORKMAN

電動ドライバーでの打込みが可能なスクリュータイプのペグは、まさしくワークマンならでは。打込み本数の多い大型テントや、河原などのハードな地面に最適。テント、タープなど様々な用途に対応したサイズが長さ約25cmなのだ

【WEB限定】ペグハンマー
1,650円 Watts

ワッツのウェブで手に入るペグハンマー。テントやタープ設営に必須のアイテムだ

【WEB限定】耐久撥水3ルームシェルター 4人用テント
27,800円 WORKMAN

天井高2mでシェルターのみの使用にも最適。インナーテント2気室+リビングフロアシート付属で3ルームとして使用が可能だ。煙突穴付き、メインポールは柔軟性と耐久性を併せ持つグラスファイバーを使用している

【WEB限定】耐久撥水ピラミッドシェルター 3人用テント
19,800円 WORKMAN

ワンポールテントの機動力とパップテントの居住性を併せ持ったワークマン独自形状のテント。スカートを標準装備し、インナーテントなしでも使える。前面の前室と背面の居室を独自の形状とした快適仕様だ

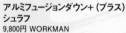

アルミフュージョンダウン＋（プラス）シュラフ
9,800円 WORKMAN

ハイグレードモデルのコチラは、軽くて暖かいダウンシュラフにブラックアルミを追加。高い保温性能を実現し、ダウンシュラフのメリットであるコンパクト収納を維持している

フュージョンダウン＋（プラス）シュラフ
7,800円 WORKMAN

天然ダウン35%、フェザー5%、吸湿発熱わた60%のワークマン独自開発素材フュージョンダウンがたっぷりプラスされてあったかい。高撥水、汚れが取れやすいのも◎だ

例えば、テントとシュラフと他 全部お買い上げで、合計金額 **130,548**円

第1章 リーズナブルなキャンプ道具を揃えたい!

コスパ最高の**キッチン道具**を選ぼう!

野外で遊ぶ、料理をして、飲んで話して
ワイワイと調理を楽しむことが
キャンプでもっとも楽しい時間だ。
いろいろ作ってみたい、と思うと
道具もしっかり選びたい。

SOLOXエッグケース4個用
110円 Seria/DAISO/Can★Do/Watts

卵があればなんでもできる! コチラも絶対欲しい割れ防止の
エッグケース4個用。2個用もあるからどちらかを選びたい

三条仕込みのグリルパン
2,500円 WORKMAN

IHも直火も対応なのでお家でも大活
躍。蓋つきなので、蒸し料理もOK。
熱が逃げにくい鉄製のグリルパンだ

**【WEB限定】
フライパン モンターナ**
1,100円 Watts

コンパクトに収納できて、軽量のフライパン。
野外料理ではマストで欲しいアイテムだ

三条仕込みのスタッキンググリル
7,800円 WORKMAN

2段階の高さ調整可能なロストル、
用途に応じて使い分け可能なゴト
クが◎。コレ一台で何役もこなし
てしまう、クッカー、鉄板、網、
リフターが焚火台におさまった超
便利でコスパ最高のグリルだ

SOLOX液体調味料ボトル Lサイズ
110円 Seria/DAISO/Watts

醤油、味醂、酒など、液体調味料を入れるためのボト
ル。アウトドアで調理するのにあると便利な逸品だ

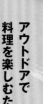

**折りたためる
先割れスプーン&ナイフセット**
110円 Seria

折りたためて、持ち運びもカン
タン。スプーンとナイフがセッ
トになった必須グッズだ

アウトドアで料理を楽しむためのキッチン道具を選んでみよう!

ワークマンからは、燕三条仕込みのグリルパンとスタッキンググリルを、まずはオススメしたい!

軽量で持ち運びがしやすく、フライパンより熱が逃げにくいのがグリルパン。お家でも、オーブン料理にも使えてリーズナブル。取っ手も取り外し可能で直火にも使えるのが便利だ。さらに、オールインワンのスタッキンググリル。こちらも三条仕込みで品質もしっかりしたモノ。最大4合対応のクッカー、鉄板、網にリフターまで付属したコンパクトさが嬉しい。100円ショップからは、フライパンに、スプーン&ナイフセット、エッグケースに調味料入れなど、野外で調理する時にあったらいいね! の便利モノばかり。ニトリの天ぷら鍋にマルチポットも共に揃えておきたい逸品だ。

お楽しみのアウトドアクッキングに挑戦。

ワッフルメーカー
1,100円　Watts/DAISO
アウトドアでワッフルを。フッ素樹脂加工がしてあり焦げつきにくい。直火で使えるキャンプの朝ごはんに◎のアイテム

スパイスミル
550円　Watts/Can★Do
片手でスパイスを砕き、調理に便利に使えるスグレモノ。ホールのスパイスや胡椒、岩塩などで使うと料理がワンランクアップした味わいになるからオススメだ

包丁ケース
110円 Seria
使い慣れた、家庭の包丁をアウトドアに持ち出して調理したい。包丁ケースもマストアイテム

**連結できる保存容器スモールサイズ3段&
連結できるスパイス容器2段**
各110円 Seria
塩、コショウ、スパイスなどを、小分けにして使えて連結できる容器。コレもアウトドアクッキングには欲しい（在庫限り）

アウトドア用トング
110円 Seria
トングも調理に欠かせないキッチン道具。掴みの部分が特徴的で先端には串外しとギザ刃が付く。置き時に先端が下につかないのがいい

**メスティンネット&
メスティンボード**
各110円 Seria
アウトドア調理に便利なメスティン用のネットとボード。蒸し料理や燻製にネットを。まな板になるボードだ

**チーズ
フォンデュ
セット**

**ステンレス
モツ鍋**

**IH・ガス火
コンパクト天ぷら鍋 バット 網付き**
2,490円 NITORI
ソロキャンプで天ぷらに挑戦したい人にオススメのコチラの天ぷら鍋は、少ない油で揚げられてコンパクトで便利。上げ網、バットとして使えるニトリの逸品だ

キッチン道具はニトリで選ぼう！

便利で、リーズナブルなニトリのキッチン道具。コチラをアウトドアに持ち出して楽しみたい。今回は100円ショップとワークマンのキッチングッズがメインになってしまって、ニトリさんごめんなさい！でも、プライベートで買ったチーズフォンデュセット、そして、ステンレスのモツ鍋。コチラはヘビーローテーションで野外料理に使用中。そう、ニトリ派キャンパーさんは、日々、ネットや店頭を巡回しながら、次のキャンプで使えそうなアイテムを探してみよう。100円ショップ&ワークマンと共にニトリも必須だ

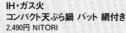

ストレーナー付きマルチポット
1,990円 NITORI
煮る、炒める、揚げる、和える、炊く、茹でる、沸かす、と7つの調理が楽しめるマルチのポット。ストレーナーでパスタも楽に茹でられる。キャンプでもお家でも活躍してくれる

キッチン道具 全部お買い上げで、合計金額 **18,520**円

ば便利なリーズナブルキッチン道具たち

数あるキッチン道具の中で
使えて、コスパもいい道具を選びたい。
多目的に使えて、外でも家でも
便利に使えるアイテムが
リーズナブルなのだ

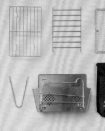

【WEB限定】
丸型バーベキューコンロ モンターナ
1,540円 Watts

円型の組立簡単な分解式バーベキューコンロ。コンパクトなサイズで炭焼き調理が楽しめる。焼網付きでBBQが手軽に楽しめるリーズナブルな逸品

フォールディングスクエアグリル
3,900円 WORKMAN

折りたためるグリルは収納性抜群。ステンレスの厚みにもこだわったスクエアなグリル。網、ロストルとゴトク、トングが付属。持ち運びに便利な収納袋も付く便利な逸品

2合炊メスティン
対応サイズ
ステンレストング
250円 WORKMAN

メスティンにすっぽり入るトング。調理の際に便利で、パスタなどもくるくると掴める

2合炊 飯ごうメスティン
780円 WORKMAN

人気のメスティンは2合用でご飯を炊く、蒸す、焼くなどさまざまな調理に使えて、便利なアイテムだ

【WEB限定】
折りたたみ式BBQグリル モンターナ
3,410円 Watts

コンパクトに収納できて、簡単組立てのバーベキューグリル。焚き火台としても使える便利モノだ

2合炊メスティン用メッシュトレー
299円 WORKMAN

メスティン用のメッシュトレーがあれば、蒸し料理ができる。他、燻製にも使えるアイテムだ

キャンピングトースター
550円 DAISO

キャンプの朝にトースターで、こんがり焼けたパンを、コーヒーとともに楽しむ。お家のガスでも使えて、コンパクトにたためるトースターだ

収納もコンパクトにできる！野外料理を楽しむためのキッチン道具選

ワークマンからは、収納性抜群のフォールディングスクエアグリルがイチオシ。ステンレス製で耐久性もあり、コストパフォーマンスに優れた、トングも付属する充実したエントリーモデルだ。炭火や薪を使って調理する。アウトドアで美味しいごはんがいただける。そして、大人気のメスティン2合用に、すっぽり入るトングとメッシュトレイも◎だ。

100円ショップからは、バーベキューに便利なワッツのグリルを2つ。マイクロストーブコンロもソロキャンプで活躍するオススメアイテム。キャンプトースターやホットサンドメーカーもマストアイテムだ。

ニトリからはアカシアのおしゃれなプレートをチョイスした。どれも、あったら便利で、リーズナブルなギアばかりなのだ。

28

アウトドア料理にあれ

1枚焼きホットサンドメーカー
1,100円　Can★Do

ホットサンドメーカーは、ホットサンドだけではなく、焼き物調理の便利な道具として使うことができる

ストレートキッチンハサミ ブラック
110円　Watts

野外調理ではナイフや包丁の代わりに、ハサミを使うと便利で簡単に料理ができる

スタッキングカップ　220ml
110円　Seria

家族の分をスタッキングして持ち運べるカップも飲み物を楽しむためのマストなギアだ

オイルボトル　100ml
110円　Can★Do

オイルを持ち運び、そのまま使える便利な100mlのオイルボトル。野外料理にぴったりの必須アイテムだ

ホットサンドメーカーケース
330円　Can★Do

持ち運びに便利なホットサンドメーカーのケース。ホットサンドメーカーを保護することができる。（在庫限り）

折りたたみ鍋敷き
110円　Can★Do

折りたためてコンパクトにある鍋敷き。熱い鍋などをコチラを置いてテーブルで楽しむことができる。（在庫限り）

アルミ鍋
110円　Can★Do

おでんや鍋料理に、またBBQの肉のタレつけなど、マルチに使えるアルミ鍋。調理のフライパンの蓋にもなるし、あると便利なギアなのだ

ミニトング
110円　Watts

調理で、鍋やフライパンの中のモノを掴む、混ぜる。BBQで焼き物などを掴むのにも便利に使える

焼き鳥台
110円　DAISO

バーベキュー網にのせて、焼き鳥が焼ける。串をのせて、くるくる焼くのに便利な逸品だ

10cmラウンドプレートG（アカシア）
199円　NITORI

丈夫で優しいアカシアの美しい木目。手作りの風合いを楽しめる木製食器シリーズ。13cm349円、18cm 499円、25cm 999円と各種揃えたい

【WEB限定】 マイクロストーブコンロ
1,650円　Watts

ソロキャンプで活躍してくれるコンロ。多目的に使えて、焚き火やグリルも楽しめる

キッチン道具 全部お買い上げで、合計金額 **14,558**円

クッカーやグリルなど
食べるための道具と
飲み物を冷たく保ち
美味しくいただくギアも
しっかり選んで楽しみたい

マルチシザース
780円 WORKMAN

ナイフ、殻割り、骨切り、缶開け、ウロコ取り、栓抜き、皮むきなど、左右を分離して、マルチに使える便利なハサミ。お家のキッチンにも欲しいスグレモノだ

調味料ボトル収納ポーチ
550円 DAISO

粉末用ボトル×3個と液体用ボトル×3個がセットになっていて収納できる便利なポーチ。これで調味料問題は解決だ

缶保冷ホルダー350ml
990円 Can★Do

ステンレスの真空二重構造で飲み物がぬるくなるのを防いでくれる。350ml缶がすっぽり入り、家飲みでも使いたい

缶保冷ホルダー500ml
1,100円 Can★Do

表面が結露しづらく、手やテーブルが濡れない。500ml缶がそのまま入るカバーだ

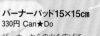

バーナーパッド15×15cm
330円 Can★Do

バーナーからの火を広げて、焦げつきを軽減してくれるパッド。クッカーを安定しておくことができる

500ml専用真空保冷
ペットボトルホルダー
980円 WORKMAN

真空構造により500mlのペットボトルを保冷する。スクリュー式のフタ、フタ部分内側のゴムフレームによって、ペットボトルをロックしてくれる

スタンド付き焼き網250
110円 Seria

ミニテーブルとして使えて、バーナーにも対応したスタンド付き焼き網。コンパクトで軽く持ち運びも便利なモノだ

真空ハイブリッドコンテナ 4.6L
2,500円 WORKMAN

冷たいものは冷たく、温かいモノは温かく、真空構造により内容物の保冷や保温ができる。収容量は500mlペットボトルを約4本。底部には転倒防止が付き、ボトルが倒れる事がない。スクエア真空ハイブリッドコンテナ4,900円もオススメだ

真空保冷がとっても優秀！
クッカーセットも
コスパ最高だ

キャンプの時に飲み物を、キンキンに冷たく保つ、真空技術を使ったコンテナやホルダーも、しっかりいいモノを選びたい。さらに、ワークマンのマルチに使えるハサミ、マルチシザースも価値ありリーズナブルな道具としてオススメ。100円ショップからは、調味料収納ポーチやスタンド付き焼き網250も便利に使えるお役立ちギア。

そして、狙い目は、ケトル&コップ&カトラリーセットとクッカーセット。セットでお得。スタッキングできて、持ち運びも楽。コレだけあればいいね、のセット商品は、悩むことなくオールインワンなのが嬉しい限りだ。ワッツのグリルもコスパがよく、ニトリの卓上鍋は、お家でもキャンプでもマルチに使いこなしたい逸品だ。

アウトドアで食べる！

第
1
章

リーズナブルなキャンプ道具を揃えたい！

ケトル&コップ&カトラリーセット
1,650円 Can★Do

ケトルにコップ2個と折りたたみのスプーンとフォークが付いたセット。ケトルに収納できるのがいい(在庫限り)

クックネット調理網
110円 Seria

こちらもキャンプであったら使い勝手がいいネット。スキレットやダッチオーブンに使うと、調理の幅が広がる逸品だ

ステンレス食器 プレート 19cm
110円 Seria

19cmサイズのちょうどいいステンレス製プレートもマストで欲しいアイテム。いろいろ使える便利モノだ

クッカーセット
1,320円 Can★Do

大小の鍋に、フタ兼用のフランパン、フタ兼用の皿と小皿2枚、マグカップが2個ついた、お得で便利なセット

計量カップ フック付き 30ml
110円 Seria

30mlと15mlのメモリがついた計量カップ。シェラカップタイプのフック付き。コーヒー一杯分の豆や、アルコールランプの燃料を測ったり。大さじ1杯15mlなので、コチラで測って調理しよう！

ミニBBQグリル
1,100円 Can★Do

ソロキャンプや2、3人ならば、コチラのミニBBQグリルでOK。折りたたんでコンパクトに収納できて、設置も簡単なのだ

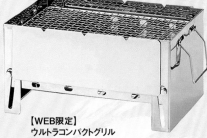

【WEB限定】
ウルトラコンパクトグリル
3,080円 Watts

溝がついているので串焼きにも対応している。軽量で、収納バッグ付きだから持ち運びに便利なグリル。23×32×45cmのコンパクトサイズ

BBQワイドコンロ モンターナ
1,540円 Wattsa

コンロの左右には風通し穴があるので、燃料効率がいい。炭受けはスライドタイプで、燃料を簡単に補充可能なのが嬉しいポイント

IH・ガス火
ふきこぼれにくい卓上鍋
(ビミ 16cm)
1,490円 NITORI

ふっ素樹脂塗膜加工でお手入れが簡単。軽いので、持ち運びが楽。ふちが高いのでふきこぼれにくい鍋。炒めてから煮るのも簡単で焦げ付きにくい。鍋もの、おでん、豚汁、ラーメンもokな便利な土鍋タイプだ

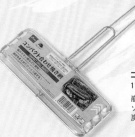

コンパクト合わせ焼き網
110円 DAISO

崩れやすい魚などを焼く時に便利な焼き網。ソーセージや塊のお肉をコチラに挟んで、炭火でじっくり焼き上げるのもいい

キッチン道具 全部お買い上げで、合計金額 **17,950**円

にする収納&キャリー道具と便利ギア

快適にキャンプを過ごすための
収納、キャリー、便利グッズも
しっかりとチェックしたい!

**プレーンボックス フタ付 M
アイボリー**
110円　Watts/Can★Do
シンプルなボックスながらフタ
付なのが嬉しい。サイズも各種。
何が入っているか、シールで表
記しておくといい

**バガスペーパータオル
150枚**
110円　Watts
150枚とたっぷり入ったキッチ
ンペーパータオル。キャンプで
必須のアイテムなのだ

折りたたみコンテナ ネイビー
110円　Watts/Can★Do
収納上手はキャンプ上手! コレ
は絶対欲しいコンテナだ!

パラフィン帆布ラージトート 1,280円
ミディアムトート 780円
スモールトート 580円 &
スクエアトート/スクエアショルダー
各980円　WORKMAN
ワークマンのパラフィンシリーズはキャ
ンプに使える逸品ばかり。サイズ各種の
トートやショルダーバッグが揃っている

**ピックアップ
ボストンキャリー**
7,800円 WORKMAN
ワークマンのオススメ!
便利なボストンキャリー
は必要アイテムがまるご
と運べる! コチラひとつ
ですべてを納めたい

ハイブリッドソー
980円 WORKMAN
ノコギリとカッターの1丁2
役。刃にはフッ素加工が施さ
れ、切れ味の鋭く、お手入れ
もしやすい。ロープのカット
や袋の開封にカッターを、鋸
目のノコギリは薪や小枝を切
る時に重宝する

パラメイトロープ 太さ4mm×長さ15m
350円　WORKMAN
迷彩柄、グリーン、レッド、ブラウンなどカラーバ
リエーションが豊富なロープもワークマンの人気ア
イテム。テントやタープ張り、洗濯物干し、緊急時
の補助ロープなど色ごとに使い分けるといい

3WAY コンパクトショベル
980円 WORKMAN
テント周りに溝を作って雨対策。ショ
ベル・ピッケル・クワに変形して、3通
りの使い方ができる。お家で園芸にも
使えて、小さくたためて、ベルトルー
プ付きの収納袋に入れて持ち運べる

キャンプ道具を運ぶキャリーにコンテナもあったらいいね!

100円ショップとワークマン
で選ぶ便利道具は、まずは、折り
たたみ式のコンテナとフタ付きの
ボックス。細々としたキャンプギ
アを、用途別にわかりやすく分類
して、お家で収納しつつ、そのま
ま現場へ持ち出そう。使い終わっ
たら、元のボックスへ戻す。キッ
チン道具、ライト類、便利品、テ
ント、タープ用小物など、仕分け
して持ち歩けば、無くさず、忘れ
ず、キャンプも快適だ。
　さらに絶対欲しいのがペーパー
タオルと、オススメなのが、ワー
クマンのパラフィンギア。シート
にトートと各種便利。ピックアッ
プキャリーも、キャンプ道具一式
を収納して持ち運ぶのに一押しの
逸品だ。

パラフィン帆布フィールドシート
1,500円 WORKMAN
水を弾くパラフィン加工の多機能
シートはキャンプの強い味方。4
箇所のハトメ付きで薪や荷物を置
くのにも便利なシートだ

キャンプサイトを快適

コレもあったらいいね！

アウトドア用メッシュバッグ
110円　DAISO/Watts

3合メスティン、兵式ハンゴーも収められるメッシュのバッグ。クッカーなどを持ち運ぶのに便利なギアだ

多機能コードキーホルダー
110円　DAISO

ロープをほどけば、小枝を束ねたり、シェラカップの持ち手に巻いたり、物干しにも使える。150cmのロープになるキーホルダーだ

アウトドア用ウエットシート 40枚
110円　DAISO

野外での調理の時にマストで欲しい便利なアルコール配合の除菌ウエットシート。キャンプに必須のアイテムだ

コンパクトハンガーラック モンターナ
2,200円　Watts

シェラカップなど各種ひっかけて干せるハンガーラック。おしゃれにハンギング収納が楽しめる

アウトドア フックベルト キーホルダー
110円　Seria

どこでも簡単に取り付けて吊るせるマルチキーホルダーハンガーラックに取り付けて使える

物干しゴムロープ
110円　Can★Do

1.5mのゴムロープは、キャンプの時にカップなどの物干しとして使える（在庫限り）

ポール取付け用フック
110円　Can★Do

タープのポールに取り付けて便利なフックとして使える。耐荷重3kgで、ランタンやタオルを吊るせる

カード型マルチツールプレート
110円　Can★Do

専用ケース付のマルチツール。栓抜き、缶切り、マイナスドライバー、六角レンチなど色々使える便利モノだ

コンパクトハンマー
680円　WORKMAN

大工さんが細かい作業時に使用するハンマーをベースに製作したワークマンならではのハンマー。ペグ打ちに、持ち運びも苦にならないコンパクト設計が嬉しい

CB缶用カバー
110円　Seria/Can★Do/DAISO

カセットボンベを保護しながら、おしゃれに飾れるカバーも100円ショップで揃う逸品だ

ワイドマルチフック
499円　WORKMAN

取り付け自由なカラビナに随伴したフックで、洗濯バサミのようにグローブやタオルをがっちりキャッチする。軽量ランタンを吊るす時にも使える便利なフックなのだ

SOLOXアウトドアロートS 2P
SOLOXアウトドアロートL
各110円　Seria/Can★Do/DAISO

液体調味料をボトルに移すときや、ランタンなどの流燃補給に便利に使える。SOLOXのロートはSとLのサイズで選べる

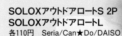

お部屋でキャンプ気分！ 部屋キャンプがオススメだ

お家のお部屋でテントとテーブル、チェアとお気に入りのキャンプ道具を並べて、部屋でもキャンプがオススメだ。ワークマンの一人用テントとキャンプギア式を部屋に設置して、気分はキャンプ！ 夜になればLEDランタンに、お酒とつまみで、次回のキャンプの構想を練る。どこのキャンプ場に行くか、どんな道具を買うか、どんなキャンプ飯に挑戦するか、アレコレ妄想を巡らせのにいい。眠くなったらシュラフで寝よう。小さなお子様となら、いっしょテントで過ごすのも、すごくいいスキンシップになる。子供もテント好きになれば、ますますキャンプが楽しくなるのだ。

収納&キャリー道具と便利ギア 全部お買い上げで、合計金額 19,929円

楽しく過ごすための道具を選ぶ

【WEB限定】蚊帳付ハンモック
2,750円　Watts

虫対策にいい、蚊帳付きのハンモックを選びたい。上級者はコチラでタープで、テントの代わりに寝床にすることもできる。蚊帳はメッシュネット式で通気性に抜群。ダブルファスナーで外側からでも内側からでも簡単に開閉ができる。(在庫限り)

【WEB限定】ワイドハンモック
1,320円　Watts

ブルーとホワイトのストライプ柄がおしゃれで、サイズがゆったりしたワイドなハンモックだ。寝心地抜群で耐荷重100Kg。在庫限り

【WEB限定】ツーウエイハンモック
1,870円　Watts

ブランコみたいに乗れる耐荷重100Kgの2WAYハンモック。チェアとしても使える逸品だ。在庫限り

【WEB限定】
どこでもハンモックベルト
1,430円　Watts

極太ベルトと極太カラビナで、ハンモックをカンタンに設営できる。ベルトの長さは調節可能。設営耐荷重100Kg。在庫限り

ハンモック
550円　DAISO

収納ポーチ付きのカラフルなハンモック。お家でもちょうどいい距離のしっかりした柱があれば取り付けて楽しみたい

【WEB限定】
スモーカーボックス
燻製ボックス
990円　Watts

繰り返し洗って使えるリーズナブルで丈夫なステンレス製のスモーカーボックス。燻製チップを入れやすいボックス型だ

キャンプだからこそ 燻製調理に 挑戦したい！

燻製調理は、アウトドアでこそ、チャレンジしたい。煙でもくもくと食材を燻製する。一度はやってみたい調理法だ。しかし、お家でやると、やはり臭いの問題が気になってしまう。というワケで、お手軽燻製器を100円ショップで購入して、キャンプで燻製調理を楽しみたい。繰り返し使えるステンレス製の燻製ボックスから段ボールの使い捨て燻製ボックスまで。
チップも各種用意されている。温度計もあると、燻製調理の完成は近い。

ダンボール薫製器
110円　Can★Do/DAISO

スモークウッド専用のお手軽なダンボール燻製器。スモークウッドをバーナーやトーチで炙って、火を着けてから、燃え尽きるまで燻製する

スモーカー用温度計
330円　DAISO

燻製で香りをつけるには、温度管理が大切。スモーカー用に温度計も必須のギアなのだ

スモークチップ
クルミ
110円　DAISO

スモークチップ
ナラ
110円　DAISO

スモークチップ
リンゴ
110円　DAISO

スモークチップ
ミックス
110円　Can★Do

スモークチップの各種。クルミ、ナラ、リンゴの香りに、ミックスされた香りが楽しめる

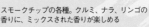

スモークウッド
さくら/ミックス
各220円　DAISO

スモークウッドを使った燻製は、コンロなどの熱源を使わない。スモークウッドを炙って、煙でじっくり調理しよう

ランタン led 充電式
虫よけ 蚊除けモスキートランタン
モンターナ
1,870円　Watts

USB充電+ソーラー殺虫ランタン。ランタンモード、電撃殺虫モード、殺虫＆ランタンモードの全3種のモードが選べるスグレモノだ

LEDコンパクトライト 乾電池式
499円　WORKMAN

好きな方向に明るく照らす可動式で、設置方法も選べるマグネットと360°回転式フック付、手のひらサイズのライトだ

ソーラーライト吊下げ式
110円　Watts

スイッチをONにしてソーラーパネル面に太陽の光が当たるよう設置して充電する。初期充電では、使用前に直射日光で約10時間程度充電してから使用のこと

夜は明るく、
快適な光でくつろぐための道具
ランタン＆ライト

便利な充電式のランタンや虫除けにもなるなど、多機能のランタンやライトを選びたい。夜のテントサイトで活躍してくれるLEDコンパクトライトも100円ショップでは、各種揃っているのでしっかり選びたいところだ。

LEDランタンライト 乾電池式
780円　WORKMAN

アウトドアの常夜灯や夜間作業時等の照明にいい乾電池式のLEDランタンライトは約72時間稼働。スイッチを押すごとに点灯(HIGH)／点灯(LOW)／消灯に切り替わる

充電式アンティーク風
調光／調色ランタン モンターナ
4,950円　Wattsa

7時間充電で約1週間点灯可能なアンティーク風 調光/調色ランタン。USB充電式で、連続点灯時間は約168時間（弱点灯時）。ダイヤルを回して無段階に明るさと色味が調節可能だ

ランタンスタンド35cm
110円 Seria

軽量のランタンを吊るしておけるランタンスタンド。小ぶりのスタンドはお家の中でも使える

ランチャーライト
110円 Seria/DAISO

アルミボディの3LEDライト。夜間トイレに行くときなどに持って明るく足元を照らしたいハンディライトだ

12SMD&
1LED ランタン
110円 Seria/DAISO

高輝度の12SMDを使っているからとっても明るいランタン。夜のテントサイトを明るく照らしてくれる

お家のベランダでお手軽キャンプのススメ

電源も使えるし、お水も使いたい放題。トイレにもすぐに行ける。火は使えないが、ベランダというアウトドアで、光と風を感じてキャンプ気分を味わいたい。テントがはれるスペースがあればもっといいが、テーブルとチェアだけでも、気分を出してキャンプ道具を並べて楽しむ。普段のランチもキャンプ道具を使って、ベランダで楽しめば、いつもと違う味がするはずだ。

キャンプサイトで
ゆったり過ごす
リラックスするための道具！

ハンモックで、日がな一日、ゆらゆらと過ごしてみたい。そんなアナタには、100円ショップで選ぶハンモックがオススメ。

100円ショップ、ワッツでは、蚊帳付き、ワイド、ツーウェイなど、使用用途に合わせてハンモックが選べる。さらに、どこでもハンモックベルトがあると、お家でもアウトドアでもハンモックが吊るせる。こちらも便利なアイテムだ。

燻製道具、ランタン＆ライト 全部お買い上げで、合計金額 **18,549** 円

※記事内における情報は原稿執筆時のものです。店舗により取扱いがない場合や価格変更および販売終了の可能性もあります。あらかじめご了承ください

第1章 リーズナブルなキャンプ道具を揃えたい！

揺れる焚き火の炎を見ながら
お酒を飲んで、ゆったりするのもよし、
仲間と家族と炎を囲んで
普段しないような話で盛り上がる。
焚き火のマジックアワー。
爆ぜる音も心地いい。

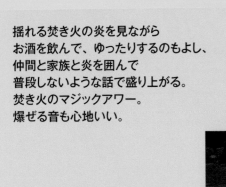

**フォールディングメッシュ
ファイアースタンド**
2,400円　WORKMAN

メッシュシートで風通しが
良く、火が燃え上がりやす
い。はじめてキャンパーさ
んに優しい焚き火台。軽量
で収納袋付きなので持ち運
びもラクラクなのだ

焚火耐熱シート
1,280円　WORKMAN

耐摩耗性の高いグラスファイバ
ー素材を使用したシート。四
隅にハトメ付きで、焚き火台
の熱や火の粉から芝生の地面
やテーブルを保護してくれる

**TANOSHIBI
軽量ハンドアッキス**
1,780円　WORKMAN

鉈と斧の中間サイズで使い勝手が
いいハンドアッキス。薄刃仕様で
木への食い込みがよく、薪割りに
ちょうどいい。刃を覆うケースは、
ベルトに通すループ付きだ

**TANOSHIBI
焚き火鋸 180mm**
2,480円　WORKMAN

手掛けたのは創業150年のノコ
ギリ老舗メーカーというワーク
マンならではの逸品。焚き火用
の薪・生木の切断、庭木の剪定
にも使える。フッ素コーティン
グ刃でヤニがつきにくい

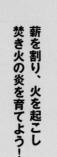

フィールドグローブ
399円（子供用）/580円　WORKMAN

焚き火にはマストアイテムのフィ
ールドグローブ。使い込んで味が
出てくる頃には、はじめてキャン
パーさんから卒業なのだ

薪を割り、火を起こし　焚き火の炎を育てよう！

まずは手頃でリーズナブルな焚
き火台を選んで、薪に火をつけて
みたい。オススメなのがワークマ
ンのフォールディングメッシュフ
ァイアースタンドだ。小さな火か
ら小木へ、薪へ。焚き火用耐熱シ
ートを引いて地面を保護したい。
そして、焚き火を扱うときはグ
ローブも大切。使い込んで馴染
んだグローブがあれば百人力だ。
さらに薪を切ったり、割ったり、
掴んだりするための焚き火鋸やナ
タと斧のいいとこ取りをしたハン
ドアッキス、三条仕込みの薪ハサ
ミも便利。
100円ショップからは3ウェ
イ仕様の焚き火グリルや着火剤、
焚き火グッズも目白押し。日々チ
ェックして、新たな焚き火ギアを
手に入れたい。

ワークマン&100円ショップでアウトドアグッズを選ぶ

火を起こし

第1章 リーズナブルなキャンプ道具を揃えたい！

着火バーナー ターボフレキシブル ガス注入式
499円　WORKMAN

組み木の隙間をぬって着火することができる。力の弱い女性でも簡単に着火できるレバーも嬉しいポイントなのだ

三条仕込みの薪ハサミ
1,900円　WORKMAN

新潟県三条市の老舗クワ工場で作られた国産ハンドメイドの薪ハサミ。焚き火の火力調整に必須のアイテムだ

3WAY焚き火グリル モンターナ
1,980円　Watts

焚き火・料理・湯沸かしができる3WAYマルチグリル。焚き火台にもなるので、焚き火をしながらじっくり調理もできるオススメアイテムだ

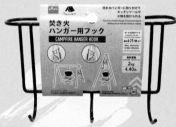

焚き火ハンガー用フック
110円　DAISO

トライポッドなど焚き火ハンガーに取り付けて軽いキッチン道具や小物を掛けられる

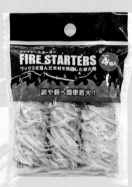

ファイヤースターター 4個入り
110円　Can★Do

焚き火の着火剤になるファイヤースターター4個入り。小さな火種をコチラに着火させ、小枝から薪に火を移そう

お家の屋上でキャンプのススメ！

　お家を建てるときに、屋上にも登れるようにしておくと、この通り、屋上キャンプが楽しめる。テントなど、風に飛ばされないように重しをしっかりしたい。ペグは打てないから、2リッターの空いたペットボトルに水を入れて重しがわりにするといい。天気のいい、風のない昼下がりから夕暮れに。夜はLEDランタンを灯して。火器は使えないが、ワークマンのキャンプ道具を広げて、つまみに、ビールで。プハッ！うっ、ウマいのだ！ お家をコレから建てる人は、MY屋上キャンプ場をご検討下さい。楽しいよ。

アルミ トライポッド3段ネジ式
1,100円　Can★Do

焚き火の上に設置して、調理の時に鍋やケトルを吊るせる。耐荷重10kgで、調理用のフックをチェーンの穴に通して、吊るす高さが調整できる

伸縮マシュマロ串
110円　Seria

焚き火の定番、マシュマロ焼きが楽しめる串。30.5cmから81.3cmに伸ばすことができる

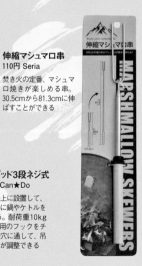

焚き火道具 全部お買い上げで、合計金額 14,728円

　※記事内における情報は原稿執筆時のものです。店舗により取扱いがない場合や価格変更および販売終了の可能性もあります。あらかじめご了承ください

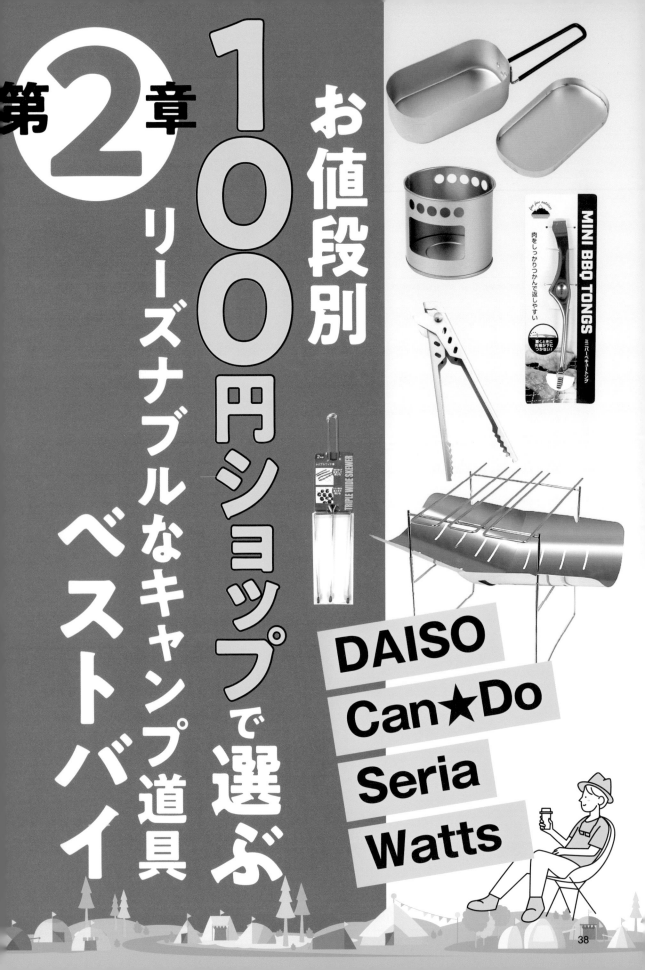

第2章

お値段別 100円ショップで選ぶ

リーズナブルなキャンプ道具ベストバイ

DAISO
Can★Do
Seria
Watts

MINI BBQ TONGS
ミニバーベキュートング

肉をしっかりつかんで返しやすい

置くときに先端が下につかない！

ベテランキャンパーさんも目からウロコのキャンプギア

たかが100円、されど100円。
ダイソー、キャンドゥ、セリア、ワッツと
100円ショップのレジャーグッズコーナーには
百花乱舞のキャンプに使える
便利で安価な道具が揃っている。

これが100円、これも200円、えっコレ300円、
これは安い500円、こんなセットで1000円....と、
価格は相場よりも確実に安く、
されど侮ることのできないグッズが
厳しい生存競争を勝ち抜きつつ、日々進歩しながら、
新たに生まれ、100円ショップの店頭に並ぶ。

近頃は人気が高過ぎて、店頭になくなることもしばしば。
そんな時は、ネットでも購入できるので、
売れ筋が店頭になくても欲しいものは手に入る。

ぜひ、キャンプ道具を100円ショップで選ぶ
この快楽を知ってほしいと思う。
そして、想像を膨らませながら、
次のキャンプで、この100円ショップギアを
どう使いこなすか？？　と悩み考える。
この時間が100円ショップ派キャンプ好きにはたまらないのだ!

さあ、あなたも禁断の100円ショップならではの
キャンプ道具の沼へ!
日々、ダイソー、キャンドゥ、セリア、ワッツの
ウェブサイトと店頭をチェックする日々の中から
これは絶対欲しいよね!　を選びたい。

リーズナブルな1000円以内で買えるマストアイテム、
2000円かけるならコレも欲しい!
3000円ならば..5000円出せばアレもコレも
おおっーこんなに買える、という
100円ショップのキャンプ道具ワールドへ。
みなさまをご案内いたします。

100円ショップで選ぶ
1000円払うなら
まずはコレを
買いなさい！

メスティン1合
550円
DAISO/
Can★Do/Watts
コンパクトながら使いこなせば百人力のキャンプ道具となる

固形燃料
110円
DAISO/Can★Do/Seria/Watts
固形燃料も安価ながら一個でご飯を炊ける。さらに焼き物、蒸し物といろいろ試してみたい！

**ポケットストーブ/
ちょこっとストーブ**
330円　DAISO/Can★Do

軽くて小さいポケットストーブは、携帯性抜群。1合用メスティンの中にピッタリ、スタッキングができるのも嬉しい限りだ

1000円払うなら…		
メスティン1合	……………………	550円
ポケットストーブ/ちょこっとストーブ	……	330円
固形燃料	……………………	110円

合計お買い上げ金額
990円

メスティンとストーブがあれば野遊びが100倍楽しくなる！

100円ショップで、まず購入して欲しいのがメスティンだ。550円で1合用を。メスティンが大ヒット商品となったことを皮切りに関連グッズが目白押しとなった。1合用メスティンの次は、ポケットストーブ！　そして固形燃料購入で、締めて合計990円！安い！

アウトドアでお湯を沸かしてコーヒーにカップラーメンもいただける。もちろん1合のお米が炊けるし、フタをうまく使うと目玉焼きや焼き物もできる。

さらに燻製や蒸し物もOK。とその万能ぶりは、想像を超えてくる。

野遊びのキャンプ飯以外にも、家庭でもガスを使ってメスティンで調理してみるのも楽しい。メスティンを使えば、キャンプに行きたくてうずうずしてくること間違いなし。まずはメスティンを極めること。100円ショップ派キャンパーの合言葉は「メスティンとストーブを持って野遊びを」だ。

ガスマッチ
110円
Watts/Can★Do/Seria

100円ショップにはさまざまなライターがある。どれも有効だが、ここはイワタニのガスマッチをチョイス。販売時からガスは入っているが、なくなった場合、再び補充可能だ

焚き火シート
110円　DAISO/Can★Do

火器類を他使う時は、他への燃え移りに注意したい。焚き火シートも防火のためのアイテムとして活用したい

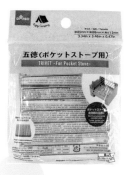

コレもあったらいいね!

五徳ポケットストーブ用
110円　DAISO

ポケットストーブの上に物をのせるのに便利な五徳。ストーブと一緒にセットで持つと◎だ

折りたたみ式ミニコンロ
110円　Can★Do

折りたたみ式で、コンロとして使用できる便利モノ。固形燃料とセットで用意しておこう。

防火手袋
550円　Can★Do

コンロなど、火器を使う際は火傷に注意したい。こちらの防火手袋もマストアイテムだ

固形燃料ケース
110円　Can★Do

固形燃料を保存したり、予備の持ち運び用はこちらのケースに入れておけば安心なのだ

アウトドアの大敵! 風から火を守れ!!

火器のポケットストーブやアルコールストーブを使う際は、ともかく風が大敵だ。焚き火やバーナーもそうだが、風よけを装備して、効率よく煮炊きをしたい。100円ショップにはアルミ素材の風防が揃う。火器のサイズに合わせて選びたい。

ミニアルミ風よけ（コンロ用）
330円　DAISO

こちらは、少し大きなコンロやバーナーに最適な風よけ。アルミ素材で持ち運びもラクだ

Montagna モンターナ ウィンドスクリーン8枚タイプ
¥1,320（税込）　Watts

ソロの焚き火やシングルバーナーに適した風防。サイズが大きめなので余裕を持って風よけができる

折りたたみ式アルミ防風板8枚
330円 DAISO/Can★Do/Watts

メスティンとポケットストーブには、こちらの風防で風よけを。メスティンを囲うように使用する。メスティン1合に、ポケットストーブ、風防、固形燃料が、ジャストで収納できる上に、風防袋にすっぽりと入る。まさにシンデレラフィット!コレが100円ショップの底力。本当によく考えられているのだ

アルミ風よけ（コンロ用）
550円　DAISO

こちらもサイズが大きいアルミの風よけ。折りたためてコンパクトになるし、100円ショップならでははリーズナブルなモノ。用途に合わせて、是非用意したいマストなギアだ

1000円 払うならまずはコレを買いなさい！

メスティンで まずは 米を炊こう！

固形燃料ストーブ
110円　Seria

固形燃料をセットして五徳にもなる便利なストーブ

固形燃料
110円
Seria/DAISO/Can★Do/Watts

固形燃料25g、1個で約15分。煮炊き、炭の着火などにも使える

1000円払うなら…

メスティン1合	550円
メスティン用敷き紙1合用	110円
固形燃料ストーブ	110円
固形燃料	110円
メスティンケース	110円

合計お買い上げ金額 990円

メスティンケース
110円　Can★Do

持ち運びのケースにもなり、米の炊飯の蒸らし時に使うといい

サイズ/SIZE/Tamanho
185mm×260mm
7.28in×10.23in

メスティン対応サイズ
77mm×145mm×50mm
3.03in×5.70in×1.96in

1合用
メスティン折り
MESS TIN LINER -For 1 Cup-

洗い物
片付け
の時間短縮！

メスティン料理がこびりつきにくくなる

メスティン用敷き紙1合用
110円 Can★Do/DAISO

汚れや焦げが気になるメスティンだが、コチラがあれば安心だ

メスティン1合
550円　DAISO/Can★Do/Watts

まずは、アウトドアで1合用メスティンで炊飯に挑戦したい

メスティンで、1合の米を炊いてみよう。メスティン折り（敷き紙）をメスティンの内側にセットする。焦げや汚れを防いでくれるスグレモノだ。そして洗って、浸水させた米1合を、1合用メスティンに入れ、固形燃料ストーブで約15分火にかけて炊く。100円ショップならば、ご予算1000円以内で、こちらの道具は揃う。

計量にはプラカップで150mℓ目盛りに合わせてお米を用意。シェラカップ用ザルで、米洗いもできる。

また、100円ショップでは、防災用にごはんが炊ける炊飯袋も販売している。こちらは、袋に米を入れて、沸騰したお湯の中で15〜20分湯炊きして、さらに15〜20分蒸らせばご飯が炊ける。メスティンでトライしてみるのもいい。

ご飯を炊いてみよう!

アウトドアでご飯を炊いてみよう。100円ショップのギアで野外調理を楽しみたい

プラカップ
110円　Can★Do/Watts

キャンプではお菓子やつまみを入れるのにも使えて、計量もできる。今回はお米の1合、150ml目盛りを目安に。便利に使えるカップだ

シェラカップ用ザル
110円　DAISO

ちょっとした洗いに便利。また、こちらを使ってコーヒーの生豆を焙煎したり、揚げ物のすく手としても使える便利モノだ

メスティンde釜バターうどん

鉄加工が得意なアウトドアブランド「THE IRON FIELD GEAR（ジ アイアン フィールド ギア）」のコラボアイテム。無塩うどん、つゆのセットで、水200ml、卵とバターを用意して、メスティンで作れる。メスティンでうどん。トライしてみたい。

ごはんを炊く!
お家でトライ!

ごはんが炊ける炊飯袋 10枚
110円　DAISO

炊飯ができる袋でお米を炊いてみよう。お湯で湯炊きして、約30〜40分と時間はかかるがお米は確実に炊ける

アルミ固形燃料用受け皿（角）
110円　Can★Do/DAISO

携帯性のいい受け皿。固形燃料とこの受け皿だけで簡単にお湯を沸かすことができる

固形燃料用ケース3P
110円　Can★Do

固形燃料を持ち運ぶときに便利な3個分のケースだ

※記事内における情報は原稿執筆時のものです。店舗により取扱いがない場合や価格変更および販売終了の可能性もあります。あらかじめご了承ください

アルミアルコールストーブ
80ml 330円／40ml 220円
DAISO/Watts
Can★Do（80mlのみ取り扱い有）

最もベーシックな80mlタイプ。40mlタイプは220円。昼間の明るい時間帯は火が見えずらいので注意が必要。使い方をマスターするととても便利で、軽く、小さな火器として重宝する

1000円払うなら…

バーベキュー用ミニ鉄板 リフター付	110円
コンパクト焼き網2枚	110円
アルミアルコールストーブ80ml	330円
アルミアルコールストーブ40ml	220円
燃料用五徳	110円
ミニ鉄板用収納ケース	110円

合計お買い上げ金額 990円

バーベキュー用ミニ鉄板 リフター付
110円 DAISO/Can★Do/Watts

リフターがついているので、熱い鉄板の移動もスムーズ。1.5合用メスティンに収納可能だ

燃料用五徳
アルコールバーナー五徳
110円 DAISO/Can★Do/Watts

アルコール用五徳も100円ショップで色々なタイプが選べる。コチラもいっしょに揃えよう

ミニ鉄板用収納ケース
110円 Can★Do/DAISO

ミニ鉄板を収納して持ち運べるケース。鉄板はシーズニングが必要。油を薄く塗って保管しよう

コンパクト焼き網
110円 Can★Do

アルコールストーブや固形燃料ストーブ用の網もさまざまなものが100円ショップで買える

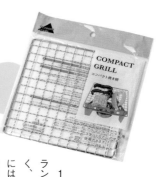

100円ショップのアルコールランプやストーブは、携帯性も良く、ソロキャンプやキャンプ以外には災害時など、いざという時にお湯を沸かしたり、ちょっとした食事を作るのにいいアイテムだ。

まずは、330円で手に入るアルコールランプ80㎖と五徳、そして、焼き網やミニ鉄板を1000円以内で揃えよう。アルコールストーブには、専用の燃料用アルコールが別売で必須だ。コチラはネット通販で1本（500㎖）が約300円＋送料で購入が可能だ。

燃料用アルコールは、Seriaで売っている計量カップで30㎖分入れると約15分間燃焼する。燃え尽きるまで使い切るのがベストだ。鉄板はシーズニングをしてから使用する。アルコールランプの加熱で、鉄板をしっかりと温めてから、油を引いて、ウインナーやお肉などを焼いてみたい。

100円ショップには、1合用メスティンにピッタリ入るミニ鉄板と、1.5合用に入る少し大きくリフター付きのミニ鉄板と、330円のB6サイズと大きいバーベキュー用鉄板がある。3つの鉄板を上手に使い倒すのも楽しい。

コレもあったら
いいね!

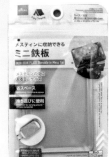

メスティンに収納できるミニ鉄板
110円 DAISO

一番小さな鉄板がコレだ。メスティ
ン1合にシンデレラフィットする。
シーズニングしてから焼き物を!

バーベキュー用鉄板
330円 Can★Do

コチラは一番大きなB6サイズの
鉄板、ちょっと大きなお肉も焼け
る。コチラはバーナーやソロ用の
焚き火台で使用するのがいい

アルコールストーブ用五徳
110円　Can★Do

軽くて、便利なアルコー
ルストーブ用の五徳だ

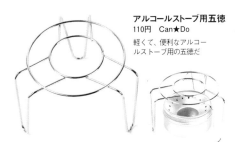

アルコールストーブ
1,100円 Watts

本格派にはこちらのワッ
ツのアルコールストー
ブを。火を消すため
のフタが便利だ

元祖アルコールストーブ、ソロストーブ考察

登山やトレッキング、ソロキャンプでは携帯性のいいアルコールランプが重宝する。
こちらが元祖アルコールストーブsolo Stoveだ。　容量も大きく、燃焼効率が良
く頑丈。エバニューの五徳も軽量で扱い易い。1合メスティンにもピッタリ入る

燃料用アルコールはマストアイテム!

100円ショップでは購入できないが、薬局やネットで燃料用ア
ルコールを購入しよう。500mlで1本約300円。燃料は、セリア
の計量カップフック付きを使って入れると便利

ケンコー燃料用アルコール 1本
500ml 約300円

計量カップフック付き 30ml
110円　Seria

小さなシェラカップで、15ml、
30mlの目盛りで測れる。フックが
付いた可愛いカップだ

固形燃料ストーブにアルコールランプがシンデレラフィット!

Seriaの固形燃料ストーブは、80mlのアルコールランプにも使える。サイズがピ
ッタリで、五徳の上にメスティン1合をのせて、15分でお米も炊ける

固形燃料ストーブ
110円　Seria

アルミクッカークリップ&トング
220円 Can★Do

熱くなった鉄板を移動させるのに便利なのがコチラ
のクリップ。鉄板をしっかり挟んで安定して運べる。
鉄板3兄弟がこちら! 上手に使いこなしたい

ステンレス手付きボウル12cm
110円 DAISO

シェラカップタイプだが
コチラは目盛り無し

シェラカップ用網
110円 Can★Do

シェラカップを蒸し器に使える専用
の網なのだ

**フラップマグ
スモーキーミント**
110円 DAISO

フタが付いた軽量
で使い勝手がいい
マグだ

ステンレスシェラカップ320ml
550円 Can★Do/Watts

正統派のシェラカップは
50mlから250mlまで測れ
る目盛り付き。

ドーム型シェラカップ用フタ11.5cm
110円 Can★Do

ユニークなドーム型シェラカ
ップにピッタリのフタ。シェ
ラカップを蒸し器に。鉄板で
焼き物の被せにも使える

シリコン折りたたみコップ
110円 DAISO

ちょっとポケット入れて
持ち歩ける。計量コンパ
クトな折りたたみ式で柔
らかく便利なコップだ

ウォータータンク 5L
110円 Can★Do

100円ショップには各種ウォーター
サーバーが用意されている。必要容
量に合わせて用意したい

**シェラカップ用
2WAYおろし器**
110円
DAISO/Can★Do/Seria/Watts

シェラカップ用のおろし器は、
おウチでも活躍してくれる100
円ショップの人気の商品なのだ

リーズナブルなキャンプ道具ベストバイ
100円ショップで選ぶ
1000円 払うならまずはコレを買いなさい！
シェラカップとコップ
お水はキャンプで
ぜったいの必需アイテム

1000円払うなら…

ステンレスシェラカップ320ml	550円
ドーム型シェラカップ用フタ	110円
シェラカップ用2WAYおろし器	110円
シリコン折りたたみコップ	110円
ウォータータンク 5L	110円

合計お買い上げ金額 990円

キャンプ道具で、ぜひ揃えて欲しいがシェラカップだ。100円ショップでもシェラカップやそれに付随する便利なアイテムが数多く用意されている。ステンレスシェラカップは目盛り付きで計量も可能だ。ドーム型の専用フタは、シェラカップを蒸し器やご飯を炊くための道具としても使えるユニークなモノだ。さらにおろし器は、文字通り、大根おろしなど、アウトドアですりおろしが楽しめる。

シリコン折りたたみコップは、コンパクトで携帯性バツグン。カップと同時に水を扱うことが多いキャンプでは、ウォータータンクも大切なアイテムだ。100円ショップでは、さまざまな飲み物の器であるカップやコップ、さらに、水を溜めておけるタンクが用意されている。キャンプだけではなく、非常時にもこれらのアイテムは活躍してくれるから、ぜひ揃えておこう。

esbit ドイツのポケットストーブ

Eesbit、エスビットのポケットストーブは数ある100円ショップのアイテムの元祖。軍隊や援助組織が活用するアウトドアで長く愛用されて、非常時にも活躍する固形燃料用ストーブだ

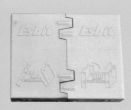

ミニストーブ ポケットサイズ
110円　Seria

コチラがSeriaのコンパクトでコスパ最高のストーブ

左がEesbit、エスビットのポケットストーブ。真ん中がDAISOとCan★Doのストーブ。右がSeriaのミニストーブだ。サイズや仕様が少し違うのがわかる

お手軽キャンプ入門

お庭で、お手軽キャンプを楽しもう！

自宅のお庭でテントが張れるスペースがあれば、ぜひ！ お手軽キャンプを楽しもう。ワークマンで揃えたテントやチェア、テーブルに、100円ショップのアイテムをアウトドアで楽しむのもいい。テントを張ったり、しまったりの練習にもなるし、レイアウトもあれこれと考えられる。キャンプ場に行く前のシュミレーションにもなると、風がなく、天気のいい日を選んで楽しめるのも、おウチのお庭キャンプの利点なのだ

コレもあったらいいね！

ステンレス マグカップ
110円　Watts

ひとつは欲しいのがシンプルで軽いステンレスのマグカップだ

Wave Cup 2個
110円　DAISO

スタッキングができて、便利なコップは飲み口にウェーブがあり、ひっくり返して乾燥し易く、箸置きにもなり、飲み易い便利品だ

折りたたみ ポリタンク 約3.5L
440円　Watts

コンパクトにたためて、蛇口もついたキャンプ必須のポリタンク

10Lウォータータンク2個入
660円　Watts

携帯性バツグン。水が入っていいないときはコンパクトになるタンク

ステンレスマグカップ
110円　DAISO

取っ手が折りたためるステンレス製のマグカップ

フック付 ステンレスマグカップ（大）
110円　DAISO

フックが付いて、ハンギングラックやリュックにも吊るせるマグ

**折りたたみカトラリー
スプーン&フォーク**
110円　Can★Do/DAISO/Watts

アウトドアで美味しい食事を楽しむ
ために、コンパクトになる折りたた
み式スプーンとフォークだ

折りたたみお玉
110円　Can★Do/DAISO/Watts

お玉もあると調理に便利だが、
ちょっと場所をとるアイテム。
コチラは折りたたみ式でコンパ
クトになるので便利なギアだ

2000円払うなら…

2重ステンレスカップ	330円
ふた付ステンレスマグカップ	220円
クッカー3点セット	770円
シェラカップ用クッションケース	220円
折りたたみカトラリー　スプーン&フォーク	110円
折りたたみお玉	110円
ステンレス箸（セパレート）	110円
シェラカップリッド&ディッシュ	110円

合計お買い上げ金額 1,980円

リーズナブルなキャンプ道具ベストバイ
100円ショップで選ぶ
2000円 払うならまずはコレを買いなさい!
カップ&カテラリー&クッカーセット!
まだまだあるぞ! シェラカップ用ギア

**スタッキングできる
2重ステンレスカップ（300ml）**
330円　DAISO

2重構造で冷めにくいステンレス
カップ。スタッキングできるので、
持ち運びに便利なカップだ

ふた付ステンレスマグカップ
220円　DAISO

コチラはふたが付いたマグカ
ップ。アウトドアでもお家で
も活躍してくれるカップだ

シェラカップリッド&ディッシュ
110円　Can★Do/Watts

シェラカップにぴったりマッチしたモ
ノ。シェラカップのフタとして、また、
食事の時にお皿としても使える

ステンレス箸（セパレート）
110円　DAISO

分解できて、コンパクトにな
るステンレスの箸もキャンプ
にオススメのアイテムだ

クッカー3点セット
770円　DAISO/Watts

大きな鍋と小さな鍋、フタ
兼用のフライパンがセット
になった収納袋付きのクッ
カーセットが便利だ

シェラカップ用クッションケース
220円　Can★Do

シェラカップを持ち運ぶのにあったら
いいね! のソフトなクッションケース

キャンプに欠かせないカップは、まずは100円ショップで選ぶ。そして、食事の時に必須のスプーンやフォーク、箸など、カテラリーも豊富で、レジャー用だけではなく、キッチン用品からもチェックして使えるモノを選びたい。

そして、100円ショップのシェラカップ関連グッズも注目のアイテム群が豊富に揃っている。シェラカップリッド&ディッシュやクッションケース、レザーハンドルカバーや先割れスプーンなどの、キャンプの定番アイテム、シェラカップ用のギアも便利に使いこなしたい。

選ぶのに悩んだ時は、便利なオールインワンのクッカーセットもオススメだ。

コレも
あったら
いいね!

手付きマッコリカップ
330円　Can★Do

韓国ドラマでもよく見かける
コチラのカップ。アウトドア
でマッコリや韓国焼酎を気分
を出していただきたい

ステンレス
シェラカップリッド
110円　Can★Do

シェラカップ調理でフタとして、また、お皿にも使える。フタに
ある2種類の穴に、箸やフォーク等をさして開けることができる

シェラカップ用レザーハンドルカバー
110円　Can★Do（在庫限り）/Watts

シェラカップの持ち手に使える本革のハンド
ルカバー。取手の幅が約35mmまで対応してる

折りたたみスプーン
110円　DAISO

ステンレスの折りたたみ
式スプーン。ケースにコン
パクトに収納可能だ

折りたたみフォーク
110円　DAISO

スプーンや箸とともに、
フォークも小さくために
収めることができる

ステンレス
折りたたみ手付鍋 16CM
220円　Can★Do

持ち手が折りたためるステンレスの小さな鍋。
ソロキャンプなどに使いたいアイテムだ

シェラカップ用フタ2P
110円　Can★Do

直径12cmの標準的なシェラ
カップに対応した専用のフタ。
小物や食材をシェラカップに
収納するのに便利だ

エッグホルダー2個用
110円
Can★Do/DAISO/Seria/Watts

2個の卵を割らずに持ち運べ
るエッグホルダー。キャンプ
調理で卵は必需品だから、揃
えておくといい逸品だ

シェラカップ用先割れスプーン
110円　Can★Do

シェラカップの持ち手にぴったりとハ
マる先割れスプーン。セットで、持ち
歩けば、無くすこともなく使える

箸と先割スプーン
110円　DAISO

箸と先割れスプーンのセッ
ト。ケース付きで衛生
的に持ち運べる

ポケットストーブ用五徳
110円　Can★Do/DAISO

ポケットストーブでシェラカ
ップを温めて調理するときに
便利な専用の五徳だ

アウトドア用フライパン
330円　DAISO

取り外しができるハンド
ル付きの16cmのフライ
パン。アウトドア調理に
便利に使えるギアだ

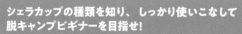

シェラカップの種類を知り、しっかり使いこなして
脱キャンプビギナーを目指せ!

シェラカップには、ステンレス、チタンなど素材違いやサイズの違いなど、さまざ
まなタイプがある。300mlの標準サイズから、クッカーとしても便利な深底のロッ
キーカップなど、飲み物を飲むだけではなくて、さまざまな使い道がある。鍋、フ
ライパン、蒸し器、炊飯器までできる。直火OKのシェラカップを手に入れて、
色々使い倒すと楽しくビギナー卒業となれるはずだ。

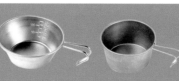

シェラカップ　　　　ロッキーカップ

※記事内における情報は原稿執筆時のものです。店舗により取扱いがない場合や価格変更および販売終了の可能性もあります。あらかじめご了承ください

固形燃料
110円
Can★Do/DAISO/Seria/Watts

25gで約15分燃焼の固形
燃料は100円ショップ各
社で購入できる

メスティンで
蒸し焼く煮る
料理に挑戦しよう!

メスティン1合用網
110円
Can★Do/DAISO/Seria/Watts

メスティン1合にピッタリと収まる網だ。
コチラで蒸し物や燻製も楽しめる

バーベキュー
便利シート
110円　DAISO

耐熱シートは色々使える。
メスティンの焦げつき防
止に使ってみたい

メスティン1合
550円　Can★Do/DAISO/Watts

メスティンを極めると焼く蒸す煮る
と、野外での調理が楽しくなる

アルミクッカークリップ&
トング
220円 Can★Do

アルミ製だから熱を伝えづら
く、持ち手が熱くなりにくい。
コチラで鉄板やメスティンの
フタを掴んで調理したい

2000円払うなら…

メスティン1合用網	110円
メスティン1合	550円
メスティン1合サイズ用まな板	110円
ミニマムコンロ(ブラック)	550円
固形燃料	110円
アルミクッカークリップ&トング	220円
バーベキュー便利シート	110円
缶詰ホルダー	110円
点火棒 チャカチャカハンディターボCR	110円

合計お買い上げ金額 1,980円

メスティンのふたで目玉焼きを作りたい!

メスティンのフタを使って目玉焼きを作ってみよう。フタの取っ手には、アルミクッカーク
リップ&トングを使い、焦げつき防止にバーベキュー便利シートを使って調理してみよう。

100円ショップのメスティン
で、蒸し物や焼き物、煮物にも挑
戦したい。まずは、メスティン1
合用網を使って、シュウマイや小
籠包など、冷凍食品を手軽に蒸し
てみたい。メスティンにピッタリ
ハマる網の下に水を浸し、固形燃
料で温めるだけとカンタンなのだ。

さらに、メスティンのフタは、
焼き物にも使える。目玉焼きやお
肉など炒めモノにもいい。フタで
焼き物をするときは、クッカーク
リップがあると便利だ。鉄板と同
様にコチラで挟んで使う。

そして、メスティンのフタや底
のサイズに合わせて、バーベキュ
ー便利シートをカットして下に敷
けば、焦げつき防止にもなる。

さらにオススメなのが、缶詰ホ
ルダーだ。缶詰を湯煎したり、温
めたりするときに、あると便利な
アイテム。コチラもトライしてみ
て欲しい100円ショップギアだ。

缶詰をメスティンで温める!

メスティンに水を張って、缶詰をストーブの熱で湯煎してみよう。缶詰ホルダーがあれば便利。焼き鳥缶など、アウトドアで温めて食べるといいツマミになる!

缶詰ホルダー
110円　Can★Do
缶詰をつかんで運ぶのに便利なホルダーなのだ

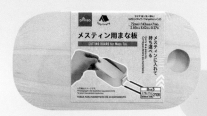

**メスティン1合サイズ用
まな板 カッティングボード**
110円　DAISO/Can★Do (在庫限り)
メスティンにピッタリのまな板、カッティングボードだ

**【WEB限定】
ミニマムコンロ (ブラック)**
550円　Watts
渋いブラックカラーのコンロは、ワッツのweb限定の逸品だ

アウトドア料理に
ほりにしのスパイスがマストアイテム!!

和歌山県アウトドアショップ、オレンジの堀西さんが作った万能調味料、アウトドアスパイスほりにし。肉、魚、野菜の味付けにピッタリ。各種スパイスに醤油パウダーやミカンの果皮も入ったモノ。ベーシックなものからいろんなタイプのスパイスが発売されているから、試してみるといい。最近はローソンなどコンビニでも入手可能なのだ

ほりにし スパイス

点火棒 チャカチャカハンディターボCR
110円　Can★Do/Watts
100円ショップのライター類も必須アイテム。風に強いタイプを選びたい

メスティンに収納できる調味入れが超お役立ち!!!
SOLOXブランドに注目

100円ショップのレジャー用品で目立つのがSOLOXだ。こちらのスパイスボトルはコンパクトでとっても便利。液体調味料入れやクリアケースもいっしょに揃えたい。その他、スパイスストッカーやメスティンに入るほうき&ちりとりもあると便利な逸品だ

SOLOXスパイスボトル3穴30ml2P
110円　Can★Do/DAISO/Seria/Watts

角型で横に倒しても転がらず、メスティンに収納可能。塩やコショウなどを入れるのに最適

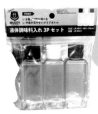

液体調味料入れ 3P 60ml
110円　Can★Do
60mlでたっぷり入る調味料入れ3個セット

スパイスストッカー
110円　Can★Do
3種類のスパイスがストックできて小分けに持ち運べるストッカー (在庫限り)

**SOLOX
スパイスボトル1穴30ml2P**
110円　Can★Do/DAISO/Seria/Watts

七味や粗挽き胡椒など目の粗い調味料に適した1穴タイプの30mlボトル

**SOLOX
メスティンに入るクリアケース**
110円　Can★Do/Seria
ボトルやカトラリーが1.5合用メステインにすっぽり入る

**SOLOX
ハンディほうき&ちりとり**
110円　Can★Do
メステインに入るコンパクトなほうきとちりとりなのだ

**SOLOX
液体調味料ボトルSサイズ2P**
110円　Can★Do/DAISO/Seria/Watts
醤油など液体調味料にはコチラのボトルが便利だ

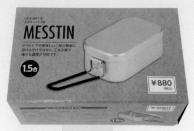

メスティン1.5合
880円　Can★Do/DAISO/Watts

こちらは1.5合用のアルマイト加工の800mlサイズ。パスタやうどんを茹でて、調理して、そのまま食べれるスグレモノだ

メスティン折り　1.5合用
110円　DAISO

1.5合用のメスティン折り。こちらを内側にセットしてご飯や煮物をすれば、焦げつきにくく、洗い物も簡単だ

3000円払うなら…	
メスティン1合フッ素加工	770円
メスティン1.5合	880円
メスティン3合	1100円
メスティン折り　1.5合用	110円
メスティンケース	110円

合計お買い上げ金額 2,970円

メスティンケース
110円　Can★Do

メスティンケースの持ち運びにいいが、ご飯を蒸すときにも便利に使える

リーズナブルなキャンプ道具ベストバイ
100円ショップで選ぶ
3000円払うならまずはコレを買いなさい！

メスティン3段活用！
奇跡のスタッキングで
3サイズのメスティンを
最強に使いこなしたい！

メスティン1合フッ素加工
770円　DAISO

ブラックメスティンは、フッ素加工が施され、焦げつきにくく、さらに、洗う際も楽にできる

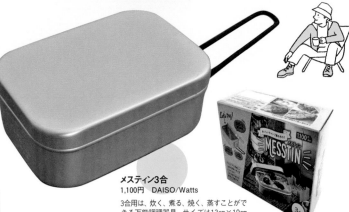

メスティン3合
1,100円　DAISO/Watts

3合用は、炊く、煮る、焼く、蒸すことができる万能調理器具。サイズは13cm×19cm×7cm。1350ml。アルマイト加工

100円ショップで買えるメスティンのサイズは、1合用約500mlを筆頭に、1.5合用、3合用が揃う。そして、1合用と1.5合用はフッ素加工がされた黒メスティンもあり、焦げにくく、洗うのも楽なのでオススメだ。

そして、このメスティン1合、1.5合、3合は、スタッキングができる。1合用メスティンには、風除けとストーブ、網をセットして、1.5合と3合のスタッキングの隙間には、メスティン折りなどギアをいっしょにパッキングしておくととても便利だ。3種類のメスティンを、炊飯、焼き物、蒸し物、煮物にフル活用して、キャンプを楽しもう。

52

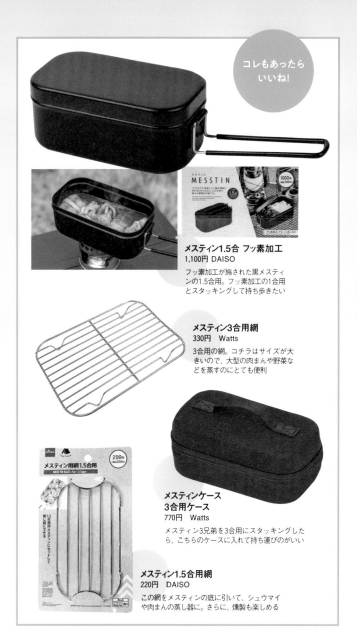

コレも
あったら
いいね!

メスティン1.5合 フッ素加工
1,100円 DAISO

フッ素加工が施された黒メスティンの1.5合用。フッ素加工の1合用とスタッキングして持ち歩きたい

メスティン3合用網
330円 Watts

3合用の網。コチラはサイズが大きいので、大型の肉まんや野菜などを蒸すのにとても便利

メスティンケース 3合用ケース
770円 Watts

メスティン3兄弟を3合用にスタッキングしたら、こちらのケースに入れて持ち運びがいい

メスティン1.5合用網
220円 DAISO

この網をメスティンの底に引いて、シュウマイや肉まんの蒸し器に。さらに、燻製も楽しめる

メスティンの焦げ付き防止方法!

メスティンのサイズに合わせて、バーベキュー便利シートをカットして底に引けば、焦げつきにくく便利だ。1合用、1.5合用、3合用をカットして用意したい。フタで、焼き物をする時にも同様に使える

メスティン1合/1.5合/3合の奇跡のスタッキング!!

シンデレラフィットするメスティン3種類。3合メスティンの19cm×13cm×7cmのサイズに1合、1.5合がジャストで入る

4000円払うならまずはコレを買いなさい!

焚き火ギアは 100円ショップで 大人気アイテムなのだ!

伸縮式火吹き棒
110円
DAISO/Can★Do/Seria/Watts

火起こしをサポートするギアとして欲しいのが、こちらだ。長さも手頃な火吹き棒は、伸縮自在。焚き火の時は持っていたいアイテム。火が弱くなったらすぐに火吹きだ!

チャークロス
110円　Can★Do (在庫限り)

着火されるための道具、チャークロス。100%綿の布を不完全燃焼させ炭化したモノ。火花を飛ばし着火させて火種にする

コンパクト薪ストーブ
110円　Can★Do/DAISO

ソロキャンプで小さな焚き火を楽しみたい人には、こちらがオススメ。小枝や杉材で、小さな焚き火も楽しい

収納式ファイヤースターター
110円　Can★Do

100円ライターで火はつけられるが、あえて、自分の手で火を創り出したい。マグネシウム棒とスクレーパーを強くこすって火花を散らし、マグネシウム粉に引火させて着火する。ファイヤースターターで火をつけよう

シェービングウッドチップ
110円　Can★Do/Watts

小さな火種を炎に育てることができるウッドチップ。コチラからウッドスティックへ、火を移し、薪を燃やす。小さい火から徐々に大きな火へ育てよう

ポータブル焚き火&グリル 焚き火台
3,080円　Watts

100円ショップ、ワッツの焚き火台。コンパクトに収納でき軽くて、設置も慣れればすぐにできる。大きな薪も扱えて、グリルにもなる。合理的で使い勝手がいい焚き火台だ

杉の焚きつけ材
110円　DAISO

焚き付け用として使える、よく乾燥した国産の杉材だ。油分が多い杉は、着火性が優れていて、よく燃える。ナイフで削って、フェザースティックにすることもできる (在庫限り)

焚き火のために4000円払うならコレを買いなさい

収納式ファイヤースターター	110円
シェイビングウッドチップ	110円
杉の焚き付け材	110円
ティンダーヘンプ	110円
手動送風機	110円
伸縮式火吹き棒	110円
焚き火用シート	110円
コンパクト薪ストーブ	110円
ポータブル焚き火&グリル焚き火台	3,080円

合計お買い上げ金額 3,960円

手動送風機
110円
Can★Do (在庫限り)

小さな火種は、空気を送ることで、着火しやすくなり、大きく育つ。手動で風を送るミニブロワー。火を育てるには空気が大切。風を起こすコチラも使いこなしたい

ティンダーヘンプ
110円
Can★Do/Wattts

焚き火の着火剤として使われるティンダーヘンプは100%天然の麻繊維だ。ファイヤースターターで、火花を飛ばし、コチラに着火したい。100円ショップの麻ひもでも代用可能だ

コレもあったら
いいね!

組立式コンパクト焚き火台
550円　Can★Do

ソロキャンプにオススメの小さな焚き火台。
手のひらサイズで、軽くて携帯性もいい。
小枝や杉の焚き付け材でも、ミニマムな焚
き火が楽しめる。小さなグリルにもなるし、
意外と使える逸品だ

ASSEMBLED COMPACT
BONFIRE STAND
組立式コンパクト焚き火台

550円

ファイヤースターターオイルマッチ
110円　Can★Do

マニアックなオイルマッチも着
火のための火種としてオススメ。
オイルライター用のオイルを使
い、マッチのように擦って火を
つける。コレも使いこなせると
楽しいアイテムだ

ティンダーウッド
110円　Can★Do（在庫限り）

油分を多く含んでいる天然
のパイン材を使った着火剤。
こちらはナイフで削って、
細かくチップにしてから、
ファイヤースターターで火
種を作るための道具だ

FIRE BONFIRE

TINDER WOOD

着火剤 12片×2枚＝24片
110円　DAISO

固形タイプの着火剤は、焚
き火の時に素早く火を起こ
す時に便利。板状の着火剤
で、携帯性もいい

焚き火シート
220円　DAISO

コンパクトな焚き火台にジャ
ストサイズの耐熱シート。焚
き火の時に下にひいて、地面
を保護するのに使いたい

焚き火シート

300円

ファイヤーウッドスティック
110円　Can★Do

スギ、ヒノキの天然木のウッ
ドスティック。焚き付けに使
えて、火種からこちらに着火
させる。短時間の小さな焚き
火ならば、ウッドスティック
で楽しむこともできる

FIRE WOOD STICKS

Wonder Flame
ワンダーフレイム

ワンダーフレイム
110円 DAISO

焚き火の時のお遊びとして人気のワンダー
フレイム。焚き火に投入すると、化学反応
で、炎がカラフルなレインボーカラーに!

焚き火の薪の種類を知って
もっと深く楽しもう!!

焚き火で使う薪の種類には、大きく分けて針葉樹と広
葉樹がある。針葉樹はスギ、カラマツ、ヒノキなどが
あり、スギとカラマツは油分が多く、燃えやすく着火
用に最適。広葉樹はもっとも入手しやすい薪がナラ。
クヌギはナラよりも上級の薪。火力も火持ちもいい。
サクラは香りはいいが、火持ちは少し劣る。カシは薪
の王様。希少性により価格が高いが、火持ちはよく、
煙が少ないなど、優れている。

100円ショップのレジャー用
品のコーナーでは、焚き火グッズ
が大人気。

日頃、オール電化で、火を見る
ことがない生活も多くなった。レ
ンジでチン、IHで調理。火って
なんだっ? という子供がいても
笑えない。マッチで火を擦る。や
ったことがないお子さんも多いの
ではないだろうか。

火遊び、火起こし、という原始
的行為に、今、熱烈に憧れる。

焚き火を楽しみたい、という潜
在的な欲求に応えるべく、100
円ショップでは、ファイヤースタ
ーターやティンダーヘンプという
マニアックなギアが買える。

火を自分の手で起こしたい。そ
して、火を育て、ゆらめく焚き火
の火を見ながら、過ごしたい。

簡易BBQセット
330円 Can★Do

気軽にバーベキューを楽しむには便利な簡易のBBQセット。こちらでまずは始めたい！（在庫限り）

リーズナブルなキャンプ道具ベストバイ
100円ショップで選ぶ
5000円 払うならまずはコレを買いなさい！
キャンプで バーベキュー！
100円ショップで ガッチリ買いましょう！

着火用 パック燃料 27g×3P
110円 Seria

小分けになっていて、便利に使える3個入りのパック燃料。バーベキューの時の炭への着火に、約20分間燃焼する着火剤だ

バーベキュー用着火剤 ジェルタイプ
110円 DAISO

ジェルタイプの着火剤。燃えているところに、火が弱くなったからといって、追加で使うのは引火して危険なので注意しよう

着火炭 6個入
110円 DAISO

着火剤のいらない着火炭。火起こしの時間も大幅に短縮できるので手軽にBBQが楽しめる

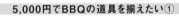

5,000円でBBQの道具を揃えたい①	
簡易BBQセット	330円
着火炭 6個入	110円
バーベキュー用着火剤 ジェルタイプ	110円
パック燃料	110円
バーベキュー網（40×40cm）	110円
バーベキュー用炭	110円
焼き網ストッパー	110円
グリルシート	110円
バーベキューディッシュ	110円
強力コゲ取りスクレーバー	110円
深型バーベキューアルミプレート	110円
網交換ホルダー	110円
バーベキュー用鉄板	330円
ここまでのお買い上げ合計金額	**1,860円**

バーベキュー用鉄板
330円 Can★Do

20×14.5cmの小ぶりサイズのバーベキュー用鉄板。気軽に鉄板焼きが楽しめるアイテムだ

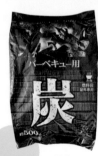

バーベキュー用炭
110円 DAISO

500g入りの炭も100円ショップで購入可能だ。小さめサイズの炭で火つきがいい。一回のBBQで使い切れるちょうどいい量（在庫限り）

100円ショップに並ぶバーベキューの道具は多種多様で、種類も豊富だ。便利で使えるアイテムが、目移りするほど、揃っている。

まずは、簡易のBBQコンロ。これがあれば、食材を買ってきて、すぐにBBQが楽しめる。

そして痒いところに手が届く、あったらいいね！のバーベキューで使える道具たち。

最初に、着火剤や着火炭で手早く火を起こしたい。着火剤には、固形タイプやマッチタイプ、液体タイプがあるが、100円ショップの着火炭は、炭に着火剤が入れてあるので、スターターとして優秀。こちらから木炭に点火すると火起こしが簡単だ。

バーベキューで使う網やアルミプレートに、串など、必須アイテムをガッチリ揃えて、リーズナブルにキャンプでバーベキューを楽しみたい。

IRON PLATE
for barbecue
バーベキュー用鉄板 200×145mm

コレもあったらいいね!

BBQマルチホイル　110円 DAISO

厚くて丈夫なアルミシートで、こんろの汚れを防いでくれる。マルチに使える便利なバーベキュー用だ(在庫限り)

焼き鳥用トレー
110円　DAISO

バーベキューで焼き鳥を楽しむための、専用のトレーが登場。タレ用仕切り付きで、焼き鳥の余分な油を凸凹形状でカットしてくれるスグレモノだ

固形着火剤 5P
110円　Seria

炭の着火に最適な固形着火剤。20gが5個入り。10分から15分の燃焼時間でカンタンに着火できる

第2章
100円ショップで選ぶキャンプ道具

テニスセット
110円（在庫限り）
DAISO

フリスビー
110円
DAISO

バーベキュー遊びの道具も一緒にご一緒に!

バーベキューの準備は、炭が着火するまで少し時間がかかるものだ。そんな時に、便利に遊べて、待ち時間も楽しく過ごせる遊び道具を100円ショップで選ぶといい。まずは、フリスビー。よく飛ぶフリスビーで楽しく遊びたい。そして、テニスセット。子供用と侮るなかれ。大人も、子供と童心に帰ってしっかり遊びたい!

バーベキュー網（40×40cm）
110円　DAISO

バーベキュー用の網も100円ショップから各種揃っている。サイズに合わせて使い分けたい

焼き網ストッパー
110円　DAISO

バーベキューを楽しんでいるときに焼き網がズレて、せっかく美味しそうに焼けていた食材が落下! なんて悲劇を防いでくれるストッパーだ

バーベキューディッシュ
110円　DAISO

バーベキューの定番アイテムがコチラ。缶ビールをセットして、タレをつけて、箸もセットできるワンプレートディッシュが超便利だ

強力コゲ取りスクレーパー
110円　DAISO/Can★Do

SOLOXのお役立ちアイテム。鉄板や網のコゲや汚れを掃除するのに最適なスクーパーもBBQには必須のギアだ

火起こし器
110円　Seria

煙突効果で簡単に火起こしができる火おこし器も100円ショップで買える! 下からうちわで扇ぐと燃焼効率がさらに良くなって火つきがいい

網交換ホルダー
110円　DAISO/Can★Do

焼き網をカンタンにとりかかえることができる交換ホルダー。こちらもぜひ揃えておきたいバーベキュー用アイテムだ

深型バーベキューアルミプレート
110円　Can★Do

片付けが簡単で、便利に使える深皿のアルミプレート。容量も3リッターと大きく、使い勝手がいい

合わせ焼き網
110円　Seria

ウインナーやソーセージなど挟んで炭で炙って焼ける。合わせ焼き網もBBQに欲しいアイテムだ

リーズナブルなキャンプ道具ベストバイ
100円ショップで選ぶ
5000円 払うならまずはコレを買いなさい!
便利に使える
バーベキュー道具
キャンプで楽しい BBQで盛り上がろう!

【WEB限定】 ステンレスコンパクトグリル
2,090円　Watts

ステンレス製のコンパクトに折りたためて、持ち運びも便利なグリル。バーベキューに欲しい逸品なのだ

ミニバーベキュートング
110円　Can★Do/Watts

焼き網の上の肉をしっかりつかめて、使いやすいBBQ用のミニトング

バーベキュー ステンレス焼き串21cm 5本
110円　Can★Do

焼き鳥、肉、野菜など、串に刺して串焼きを楽しめるステンレス製だから何度でも使える

バーベキュープレート
110円　DAISO

24.8cm×15.8cmで厚さ1mmのプレート。焼き網の上で鉄板の代わりに、炒め物や焼きそばを楽しめる

バーベキューブラシ
110円　Can★Do

網の汚れを取り除き、鉄板の焦げをこそげ落とすのに便利なブラシだ

トリプルワイド串
110円　Can★Do

3本の串で安定して焼ける。小さな食材もまとめて焼くことができる便利な串だ

割りばし用 延長トング
110円　Can★Do

割り箸をトングの先端に刺して使う延長トング。BBQ用のアイデア商品だ

ステン万能キャッチャー 約30cm
110円　DAISO

バーベキューや焚き火の時にマストアイテムがこちら。また、ゴミ拾いにも使えるから、キャンパー必須の逸品

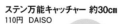

バーベキュー串
110円　Can★Do

こちらはもっともポピュラーなバーベキューに便利な竹串だ

5,000円でBBQの道具を揃えたい②

バーベキュー用プレート	110円
バーベキューステンレス焼き串21cm5本	110円
バーベキュー串	110円
ステン万能キャッチャー 約30cm	110円
ミニバーベキュートング	110円
バーベキューブラシ	110円
トリプルワイド串	110円
割りばし用延長トング	110円
合わせ焼き網	110円
ステンレスコンパクトグリル	2,090円

ここまでのお買い上げ金額 **1,750円**

合計お買い上げ金額 **4,940円**

コレもあったらいいね!

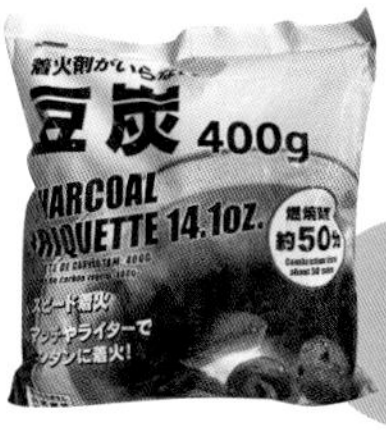

豆炭　400g
110円　DAISO

燃焼時間が約50分とちょうどいい量の豆炭。着火剤がいらないタイプで、マッチやライターですぐに火がつく便利なモノだ

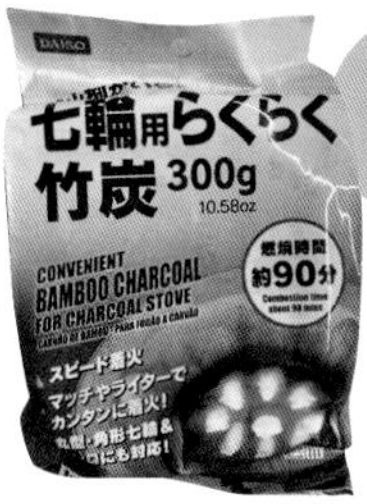

7輪用らくらく竹炭　300g
110円　DAISO

コチラは、7輪で焼き物を楽しむのに使いたい竹炭。着火剤のいらない、簡単に着火することができる。燃焼時間は約90分と長めなので、ゆっくり焼き物を楽しみたい

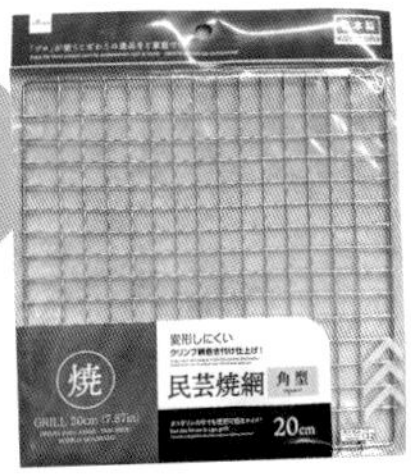

民芸焼網　角形　20㎝
110円　DAISO

クリンプ網巻き仕上げの日本製。プロが使うこだわりの焼き網なのだ

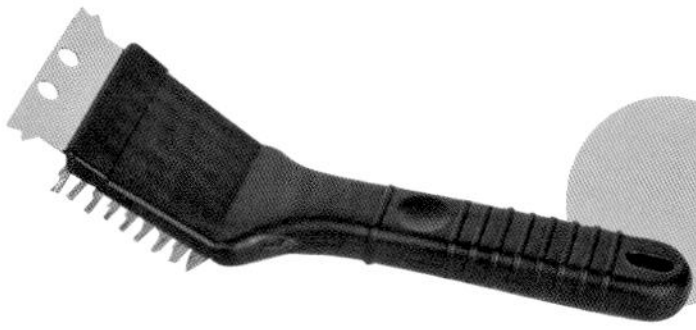

焼き網・鉄板のクリーナーブラシ
110円　Can★Do

グリルや焼き網の焼きこげやこびりつきがキレイに落とせるクリーナーブラシ

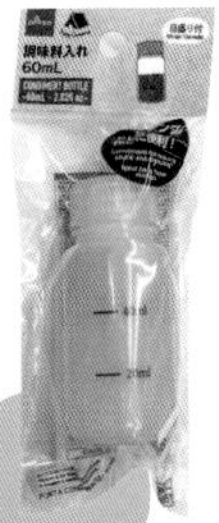

調味料入れ 60ml
110円　DAISO

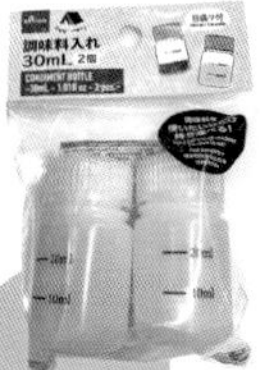

調味料入れ 30ml 2個
110円　DAISO

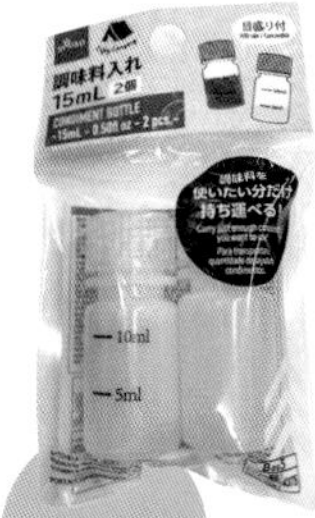

調味料入れ 15ml 2個
110円　DAISO

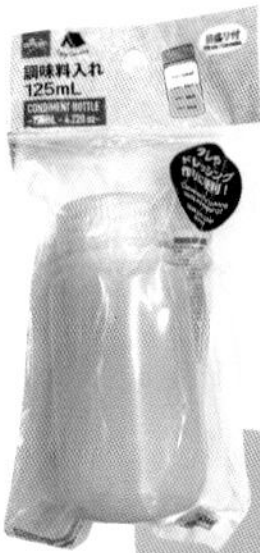

調味料入れ 125ml
110円　DAISO

メモリが付いた持ち運びに便利な調味料入れ。サイズを選んで、各種調味料を用意したい

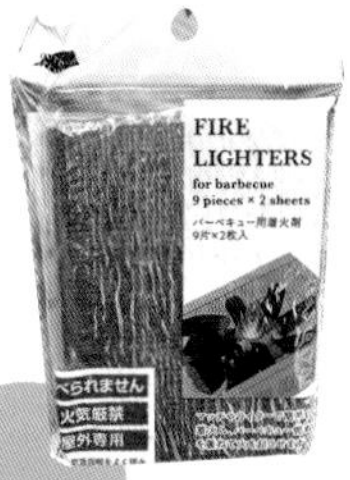

バーベキュー用着火剤
110円　Can★Do

炭に火を起こすために使う固形タイプの使いやすい着火剤。9片が2枚入りだ

バーベキュー 遊びの道具もご一緒に。その2

子供と大人で一緒に遊びたい100円ショップグッズは、まだまだあります! まず、オススメはアーチェリー。子供用の弓と矢3本がセットされたおもちゃ。これがめちゃめちゃ楽しい。的を作って遊びたい。そして、光る忍者刀。ONOFFスイッチを入れると剣の部分のライトが点灯。刀を振るとセンサーにより音も出る。忍者ゴッコにちょっどいい。などなど、100円ショップはおもちゃの宝庫でもある。キャンプの時のお遊びに、あったらいいね! をぜひ探し出してみたい。

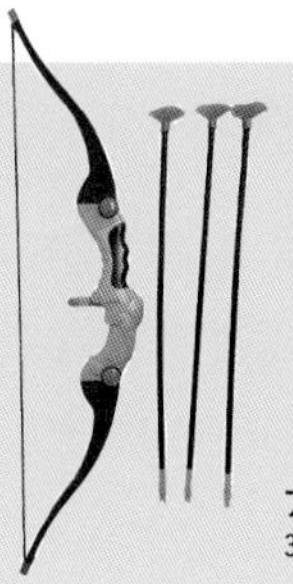

アーチェリー(約65㎝)
330円 DAISO

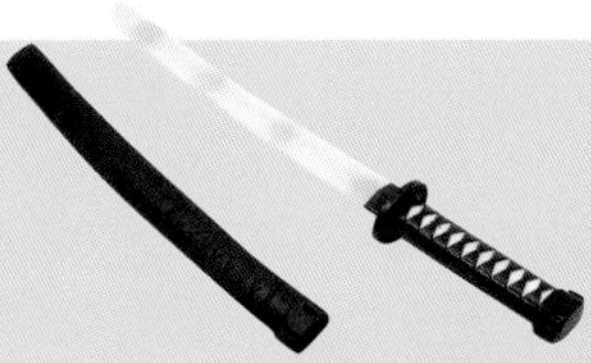

光る忍者刀
220円 DAISO

100円ショップでバーベキュー道具を揃えたい。5000円払えば便利で使える道具をたっぷりと揃えることができる。

バーベキューで使えるプレートは、網焼きの上で炒め物ができたり、焼きそばを作るのも可能。もちろん取り皿としても2ウェイで使える。ステンレス製か、竹製か、串もBBQのマストアイテム。トリプルワイドの串もいろいろ刺せて重宝な逸品だ。

バーベキュー、火バサミ、ごみバサミに使えるステン万能キャッチャーやトングも欲しいところだ。さらに、片付けに活躍してくれるバーベキューブラシも、網と鉄板に両方にしっかり使える。シーズンになると100円ショップには、バーベキュー用便利グッズの新作が続々と並ぶので、しっかりチェックしてみよう!

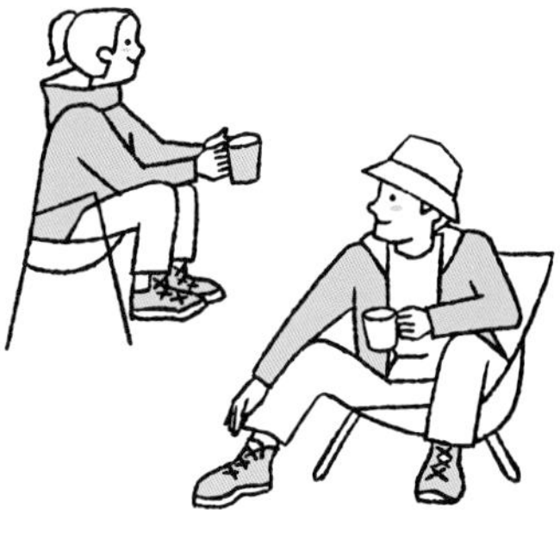

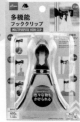

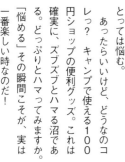

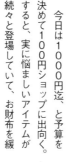

リーズナブルなキャンプ道具ベストバイ
100円ショップで選ぶ
便利グッズ!
コレもあったら いいね!!

ついついジャケ買いしてしまう
100円ショップの便利グッズ。
パッケージにある使い道を見ると
わかりやすい! 欲しくなる! あー悩ましい!
100円ショップ派キャンパーには
リーズナブルであるからこそハマってしまう
便利グッズの沼が、待っている。

ハンギングラック
770円 DAISO
小物をかけて使えるカンタン組み立て式のラック。83×57×69cmのサイズで、キャンプ用具などを吊るして、すっきり整理できる

カトラリー収納ポーチ
330円 DAISO
9ポケットでカトラリーが収納できるポーチ。吊り下げることもできるスグレモノ

ランタンスタンド
1,100円 DAISO
打ち込み式と固定式の2つの固定の仕方ができるランタンスタンドだ（在庫限り）

ハンギングラック用 サイドオーガナイザー
220円 DAISO
流行に敏感に反応する100円ショップのキャンプギア。コチラもトレンドとなる逸品。ハンギングラックの側面につけて、各種道具を収納する便利なモノだ

フッククリップ
110円 DAISO/Can★Do
ポールにクリップオンして、さまざまなモノが吊るせる。フッククリップも定番の便利グッズだ

SOLOX 伸縮フリーバンド
110円 Can★Do
厚手のクッション素材を使った全長約30cm×幅2cmで、モノを束ねることができる伸縮するフリーバンド

べんりベルト3P
110円 DAISO
荷物をまとめて固定するときに便利なベルト。2倍伸縮で、約45×2.5cmのベルトが色違いで3本

マイクロストーブコンロ
1,100円 DAISO
ソロキャンプやカップルキャンプでも活躍してくれる。収納袋付きで、持ち運びもカンタン。炭500gで、焼肉などが網焼き調理が楽しめるオススメの逸品

SOLOX 虫よけランタン型
110円 DAISO
吊るすだけで、虫の侵入を防いでくれる。効果は60日。雨に濡れても大丈夫なのが心強い

クリア収納バケツ
110円 Watts
便利に使える中が見えるクリアなバケツ。25×25cmのサイズで、多目的に使える便利なモノなのだ

今日は1000円迄、と予算を決めて100円ショップに出向く。すると、実に悩ましいアイテムが続々と登場していて、お財布を緩めざるを得なくなる。税込110円、9個買って、990円。「あ、コレも」、と10個買うと当然予算オーバー。100円ショップの店頭で手にとっては悩む。

あったらいいけど、どうなのコレっ? キャンプで使える100円ショップの便利グッズ。これは確実に、ズブズブとハマってる沼である。どっぷりとハマってみますか。[悩める]その瞬間こそが、実は一番楽しい時なのだ!

ハンガーフック　2P
110円　DAISO

フックの先が保護された
ハンギングチェーンに取
り付けて使うフックだ

三脚用フック　3P
110円　Can★Do

耐荷重400gのハンガー
ラックの三脚用フック。
吊り下げ用に揃えたい

光るキャンピングライト
110円　DAISO

夜間自分のテントの目印
にしたり、移動の時に
持ち歩ける。折り曲げる
だけで光り、電池不要で
発光時間は24時間

GEAR
スプーン
110円　Seria

GEAR
フォーク
110円　Seria

GEAR
ナイフ
110円　Seria

カラビナにひとまとめにできる便利なカトラリー。
持ち運びもまとめて嵩張らない

グリップテープ
110円　Can★Do（在庫限り）

薪割り用の斧など、持ち
手のスリップ止めに貼る
と便利なテープだ

アルミニウムペグ　23cm
110円　Can★Do

ソロ用テントやタープの固定
ができるペグ。断面がY字の
形状だから曲がりにくい

スチールペグ　18cm　6P
110円　Can★Do

コンパクトサイズで持ち運
びしやすい。ハトメのつい
たシートや軽量のテント、
タープの固定に便利だ

キャンピング用蓄光ストッパー
110円　DAISO

テントやタープのロープに
取り付けて、夜間の目印に
するためのストッパーだ

ペグ抜き
110円　Can★Do

OUTDOOR ITEMSのペ
グ抜き。地面に打ち込んだ
ペグをカンタンに引っ掛け
て、抜くことができる

反射ワンタッチバンド
110円　DAISO

3×30cmの反射するリフ
レクターをキャンプの夜
に腕に巻けば、夜も光っ
て安全安心なのだ

蓄光ペグ　18.5cm　2P
110円　Can★Do

昼間に太陽光を蓄え、夜間
に光り、ペグの位置がわか
りやすい。スクリュータイ
プで緩みにくい。ロープに
足を引っ掛ける事故を防ぐ
ためのアイデアグッズ

シリコンスパチュア
220円　DAISO

調理にあると便利な逸品。
先端が浮かせておけるか
らアウトドアでも衛生的
に使える

SOLOX　ロングスポイト
110円　Can★Do

スグレモノが揃うSOLOXのマー
クがあるとついつい買ってしまう。
ロングスポイトもランタン給油な
ど、便利に使える逸品だ

第2章　100円ショップで選ぶキャンプ道具

※記事内における情報は原稿執筆時のものです。店舗により取扱いがない場合や価格変更および販売終了の可能性もあります。あらかじめご了承ください

DAISO ダイソー

www.daiso-sangyo.co.jp

**ダイソー広報担当の島津サンが
オススメするキャンプギア5選！**

まずは、収納サイズ約35×18cm、軽くて持ち運びに便利な収納ポーチ付きのカラフルなハンモックがキャンプのゆったりタイムにオススメです。そして、キャンプの食事にフッ素加工で焦げにくく、洗い物も楽にできるメスティン1合とメスティン1.5合が便利です。色々調理に使えて、火力調節いらずの半自動炊飯が楽しめます。さらに、キャンプのデザートにワッフルメーカーも重宝します。トッピング次第で色々なワッフルが作れるので、ぜひトライしてみてください。そして最後にハンギングオーガナイザーをオススメします。折りたたんで持ち運べて、ハンギングラックにつけて、箸やスプーン、フォークなどの収納が可能です。

フッ素加工　メスティン1.5合
1,100円

ハンモック
550円

**フッ素加工
メスティン1合**
770円

**ワッフル
メーカー**
1,100円

**ハンギング
オーガナイザー**
330円

Can★Do

www.cando-web.co.jp

**キャンドゥ広報担当の藤田サンが
オススメするキャンプギア2選！**

**ステンレス
折りたたみ手付鍋
16cm**
220円

**折りたたみ椅子
バッグ付**
550円

　キャンプにオススメのギアは2つです。まずは、ステンレス折りたたみ手付鍋16cm。取っ手が折りたためるので、収納時や持ち運びに便利な小鍋です。ステンレス製ですので煮炊きに最適で、直火専用だからアウトドアシーンだけでなく、ご自宅で小腹がすいた時のラーメン作りやレトルトの温めにも活躍します。200度以下であれば揚げ料理にも利用でき幅広い料理にお使いいただけます。一人暮らしでキッチンが狭いという方には嬉しいオススメ商品です。そして2つ目は、折りたたみ椅子バッグ付。荷物が多くなりがちなキャンプですが、コンパクトに折りたためてジャストに収納できるバッグもついた折りたたみ椅子がオススメ。設置も簡単で、商品の座面を開きスチール面にある固定金具を留めるだけ。アウトドアシーンのほかに、長蛇の列に並ぶ時、お子さんの運動会や公園などでもコンパクトに持ち運べるのでとっても便利です。

100円ショップのスタッフがオス

watts-online.jp/contact/

ワッツ事業戦略部EC事業担当の高澤サンが
オススメする**キャンプギア10選！**

www.seria-group.com

Seria広報担当の飴谷サンが
オススメする**キャンプギア4選！**

ワッツの売れ筋商品としては、キャンピングクッカー13点セットです。これひとつでキャンプ調理ができて、コスパが最高。さらにチェア用フットレストは、キャンプチェア用オットマンです。めちゃめちゃリラックスできてオススメです。睡眠時に使えるエアピロー携帯枕、収納袋付はインフレータブルで自動膨張・クッション性が高くサイズも大きめです。4つ目はキャンピングストーブL。たためば軽量超で、コンパクトな火力が強くて煙が少ない二次燃焼ストーブです。他、マルチに使える大型バッグ（コンパクト）、折りたたみゲルクッション、スキットル、木製簡易テーブル、椅子にもなるボックス、携帯用ゴミ袋15枚ケース付も便利でリーズナブルなオススメ商品です。

【WEB限定】
キャンピングクッカー13点セット
3,960円

【WEB限定】
チェア用フットレスト 1,980円

【WEB限定】
キャンピング
ストーブ L
4,200円

エアピロー
携帯枕収納袋付
550円

木製
簡易テーブル
550円

携帯用ゴミ袋15枚
ケース付き 各110円

スキットル
440円

折りたたみ
ゲルクッション
880円

マルチに使える
大型バッグ（コンパクト） 110円

椅子にもなる
ボックス
660円

メスティンボード
110円
メスティンネット
110円

SOLOX
液体調味料ボトル
Lサイズ
110円

セルフクラフトカトラリー
スプーン/フォーク/スープススプーン/ヘラ/サーバースプーン 各110円

キャンプにオススメなのはメスティンボードとメスティンネットです。ともにトランギア社製の小サイズメスティンにフィットします。メスティンボードは、竹製のまな板で、メスティンの中に入れて持ち運びが可能。メスティンネットはステンレス製の網で、蒸し料理や底を焦がしたくない料理に最適です。さらに、SOLOX液体調味料ボトルLサイズは、メスティンに収納しやすいサイズ感。角型なので、横に倒しても転がりません。振って少量ずつ注ぎやすい口形状が便利です。最新アイテムはセルフクラフトカトラリー。小刀またはカッターナイフなどで削ってオリジナルのスプーンやフォークなどを作ることができます。材質はヒノキで自分で作れるところが楽しいキットです。

第2章 100円ショップで選ぶキャンプ道具

※記事内における情報は原稿執筆時のものです。店舗により取扱いがない場合や価格変更および販売終了の可能性もあります。あらかじめご了承ください

ワークマン
チタン合金ペグ
399円／本

軽く強く錆びにくいチタン合金はペグに最適な金属だと思っていますが、唯一のデメリットは価格が高いことでした。ワークマンのチタン合金ペグは7mm径25cmというサイズで46gと軽く、価格は399円とチタンペグの中では最安クラスです。25cmという長さは小型〜中型のテント・タープ類に使えて汎用性が高いことも特徴です。

FUKU
YouTube
youtube.com/@FUKUcampgear
チャンネル登録者数
37.5万人（2023年4月現在）
Twitter
twitter.com/FUKU97810073

チャンネル登録者数37.5万人。ワークマンのギア開発にも携わる人気キャンプ系ユーチューバー。キャンプ道具が大好きで、YouTube、Twitterなどで情報を発信している。著書、キャンプを軽くする本「FUKU流コンパクト・キャンプギア図鑑」が扶桑社から発売中。

キャプテンスタッグ
たためるソロトング
999円／Amazon価格

ソロキャンプにぴったりな小さなトングですが、折りたたみ式で収納性が良く、使用中テーブルに置いても先が付かない工夫もされています。実勢価格も1,000円くらいで折りたたみ式トングの中では最安クラスですが、小型トングなので大きな焚き火台やBBQコンロには向きません。コンパクトな装備で揃えたい人におすすめのトングです。

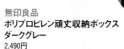

無印良品
ポリプロピレン頑丈収納ボックス
ダークグレー
2,490円

キャンプ道具選びでは収納ボックスの選定も重要です。頑丈な造りで中身を守ってくれて、大容量で持ち運びしやすい、かつ落ち着いたデザインとカラーリングで低価格なのがこの収納ボックスです。ハンドルロック方式がとても使いやすく、さらに天板がフラットなのでサブテーブルとしても活躍してくれます。

FUKUさんが選んだ、特にコスパが高いキャンプギア5点

　ここ数年のキャンプブームによって様々なメーカーが参入し、キャンプ用品の多様化と低価格化が進みました。しかしいくら安くてもせっかく買った道具が満足できるクオリティでは残念ですよね。キャンプ用品の中には「価格が安くても性能は他と比べてもむしろ良い」というようなコストパフォーマンスが非常に高い製品があります。ここでは有名キャンプブランドから格安ブランド、100円ショップ、ホームセンターまで幅広くキャンプ用品を試してきた筆者FUKUが選ぶ、特にコスパが高いキャンプギア5点を紹介します。予算を抑えてキャンプ道具を揃えたい人にはもちろん、性能を重視するという人にもオススメできる物になっていますので道具選びの参考にしてもらえたら嬉しいです。

DCM
保冷力の高いクーラー
2WAY防水 23N
4,378円

ホームセンターのPBソフトクーラーですが、昨年モデルから改良され、断熱材を20mmウレタンフォームに変更、断熱材入り底板を追加し、内張りも分厚くなりました。同条件で保冷実験を行ったところ、数万円するハードクーラーと比べても遜色のない保冷性能があったので、これで5千円以下という価格はやばいと思います。

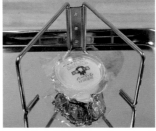

Seria
折りたたみミニ五徳
110円

アルコールストーブや固形燃料に使用するステンレス製五徳で、収納時は折り畳んでコンパクトになり、使用時は開く角度を変えられていろいろな形・サイズのクッカーに対応ができます。丈夫なステンレス線材で作られており強度がとても高いです。これで110円というのはキャンプ用五徳の価格破壊だと思いました。

レンタン鋏
268円／ホームセンター

一般的な薪ばさみのような長さはないですが、軽量コンパクトで必要十分。短いからこそ太い薪から小枝まで掴みやすく、なんと持ち手部分はペグ抜きにも大活躍。偶然ホームセンターの炭売り場で見つけましたが、もう普通の薪ばさみには戻れません…。

KENJI PERM CAMP

YouTube
www.youtube.com/channel/UCdY-7YviTvrXC28EZqYHxcg
チャンネル登録者数 9.43万人（2023年4月現在）
HP
about.me/kenjinakagawa
【キャンプ用品ブランド】THE GEAR
www.makuake.com/project/octs

「キャンプはロマン。」をモットーに、ブッシュクラフトや自作キャンピングカー旅などを楽しむソロキャンプYouTuber。プロデュースブランド「THE GEAR」のブッシュクラフトナイフは、クラウドファンディングサイト「Makuake」でナイフでの史上最高額を調達。著書に「ぜんぶ同時に出来上がる! 飯盒2型絶品定食レシピ」（三才ブックス）。

ダイソー
スキットル 330円

もともとスキットルが好きで愛用していましたが、昨年ダイソーから330円という価格で発売されたときには驚きました。しかも価格の割にしっかりとしたクオリティ。本来はウイスキーなどの蒸留酒を入れて携行するものですが、約180mlの容量があるのでアルコールストーブの燃料を入れるのにもちょうど良いサイズです。焚き火やランタンの灯りに照らされた姿は絵になります。

ケンジパーマさんが選んだ、特にコスパが高いキャンプギア5点

キャンプ用品ではない道具も含め、コスパが良いことはもちろん、デザインも優れているお気に入りのギアを選んでみました！

ユタカメイク　ODシート #3000 2.7m×3.6m 999円／ネット

本来は資材用シートなんですが、実は初めて買った「タープ」です。要は厚手のブルーシート（色が変わるだけで軍幕みたいにカッコよく見える不思議…）。ポリエステル・ナイロン製タープと比べると重くて嵩張るのが難点ですが、遮光性や防水性は抜群。厚さもあるのでグランドシートとしても使えます。安価でガシガシ使えるので初心者〜ブッシュクラフトなどワイルドなキャンプが好きな方にもオススメです。

フュアハンド　ベイビースペシャル276 ジンク 3,280円／ネット

大きさの割に手元を照らすほどの光量しかないのですが、やはり揺らぐ炎は癒されます。そしてランタンは一番「キャンプ感」を演出してくれるギアですよね（多分）。亜鉛メッキ処理で錆びにくく頑丈な上、風に強く安定して長時間燃焼。そして家のインテリアや照明としてもオシャレなドイツ製デザイン。造りがシンプルで壊れることはほぼないため（ホヤなどのスペアパーツも購入できる）、一生物と考えるとコスパ◎です。

イワタニ
カセットガス ジュニアコンパクトバーナー
4,280円／ネット

カセットコンロで有名な岩谷産業の定番ガスバーナー。OD缶に比べ安価で入手しやすいCB缶で扱いやすいです。火力は申し分なく、五徳は安定しやすく風防の役割も兼ね備えます。五徳と脚を折り畳めばコンパクトになりスタッキングに便利。ソロキャンプを始めた8年前に購入し、今でも普段の生活の調理や湯沸かしに愛用しているギアです。

脱サラさいとう夫婦

YouTube
www.youtube.com/@saitoufufu
チャンネル登録者数
6.44万人（2023年4月現在）
Instagram
@saitoufufu　フォロワー 2.5万人（2023年4月現在）

私たち【さいとう夫婦】は2018年2人で脱サラをして独立致しました。今は夫婦2人と保護犬2匹。気ままずに田舎の平屋に移住し自由にキャンプや旅をしながら夫婦生活を送っています★ 十人十色な生き方があると思い、私たちの田舎生活や旅、キャンプの様子を動画に残していくことにしました。ご縁があって動画を見てくださった方、こんな暮らしがあるんだ、と少しでも参考にしてくださったら嬉しいです。さいとう夫婦　タロー　はるぴん

ワークマン フュージョンダウン+プラスシュラフ　7,800円/個

キャンプや車中泊の就寝に便利なシュラフは、お値段が高いものがほとんど。各自に必要になるため、ファミリーなど人数分必要になってくると更にお値段もかかってきます。冬キャンプともなると、どうしても暖かさも求められるのでクオリティの高いものになると〇万円も！？そこでワークマンのフュージョンダウンはこのお値段では素晴らしいクオリティだと思います。収納もコンパクトで保温性も高く、高撥水、汚れが取れやすいなど高コスパアイテムです。

カインズホーム
缶クーラー350ml
880円/店舗価格　2サイズあり

アウトドアシーンで缶ジュース、缶ビールなど、いつまでも冷たく美味しく飲みたいですよね。缶クーラーがあれば叶います。保冷力のみならず、もちろん保温も可能です。底面は嬉しい滑り止め付き。350mlの他に500mlサイズもあります。シンプルなので自分でステッカーを貼るなどカスタムして楽しむのも良いです。キャンプに限らず自宅で使用するほど重宝しています。

コーナン
アルミスキレット
17cm 980円/コーナン店舗価格　2サイズあり

キャンプでの調理に便利なアルミスキレットは、アルミニウム合金素材で内面外面はフッ素樹脂塗膜加工が施されており、シーズニング不要で落下時に割れにくい。更に焦げ付きにくくストレスフリーなのも嬉しいです。軽量なので持ち運びに便利。保温力も程々にあるので、キャンプ以外にも自宅でも使用するほどヘビロテ&コスパ最強ギアです。

脱サラさいとう夫婦さんが選んだ、特にコスパが高いキャンプギア5点

　年間で約100日程キャンプに出かけていますが、最近ではアウトドアブランドも増えキャンプ用品も幅広くなってきました。これからキャンプを初めようとお考えの方も、キャンプ用品は何を選べば良いのか？と、戸惑う方も多いのではないでしょうか。私たち夫婦は、初めてキャンプ用品を揃えるときに980円の中古の寝袋を購入したり、5000円のテントからスタートしたりと、徐々に自分達に合う道具を探していきました。キャンプスタイルは個々に異なるかと思います。現在、私たちは夫婦+保護犬2匹でのキャンプスタイルです。犬とのキャンプに快適且つ、頻繁にキャンプに行くため、手間暇のかからない軽量なキャンプ道具を主に取り入れています。そんな私たちの、これは良かった！と感じた、コスパ最強なアイテムをご紹介させていただけたらと思います。少しでもご参考いただけましたら幸いです。

ダイソー
ランプ掛け
110円/個

110円なのに、実はキャンプを初めた当初からずっと愛用しているアイテムの1つがこちらです。ランタンはテーブルに置いて眺めるのも最高に好きなのですが、夜は高い位置から照らさないと手元が暗く、調理などしずらいので吊るして使用することが多いです。こちらはテントやタープなどのポールに引っ掛けて枝のように設置し、そこにランタンなどの灯りを掛けて使用します。滑り止めになっているので落ちる心配もなく手間もかからない上にコンパクトなのでキャンプ初心者の方にはぜひおすすめしたいです。

ニトリ
カッティングボード Round Sサイズ
559円/個　3サイズあり

キャンプに映える、見た目にも可愛らしい丸太の輪切りタイプのウッドカッティングボードです。調理にはもちろん、インテリアとしてランタンを置いたり、テントレイアウトに使用してもオシャレです。3サイズ選べるのも嬉しい。幅広い用途に使用して楽しめます。出来上がったキャンプ料理を並べてお皿代わりにしても素敵です。

大人気のキャンプ系
You Tuber & インスタグラマー
激推しリストアップ！

注目のキャンプ系ユーチューバーやインスタグラマーをフォローして
キャンプ道具の賢い使い方やオススメのキャンプギアを教えてもらおう！
ますますキャンプが楽しくなること間違いなしだ。

OJIMARU CAMP【ソロキャンプ】
www.youtube.com/@OJIMARU

ソロキャンプをしています。自分の好きなことができるのは幸せなことですね。一緒にキャンプを楽しみましょう！

かの地から
www.youtube.com/@kanochikara

ソロキャンプ初心者のためのキャンプグッズや知識の紹介、父親視点からのファミリーキャンプ動画やDIY＆車中泊など、YouTubeでは大人の野外遊びをメインに発信しています。

キャンプ研究所
www.youtube.com/@camplab

皆さんの《時間》と《お金》が損しないように、皆さんのセカンドオピニオン、サードオピニオンになるような、チャンネル作りが運営理念となります。

Keitan's Camp
www.youtube.com/@keitanscamp

日常では味わえない、時間の流れ、珈琲を豆から挽いて淹れる美味しさ、炭火や薪の香り、夕陽や朝陽がある風景、夜空に広がる星や天の川、これらにフォーカスした映像の制作を目指しています。

ken10 /camp addict
www.youtube.com/@ken10

ファミリーキャンプ、ソロキャンプ、キャンプ道具紹介などを中心にアップしています。少しでも皆さんのキャンプライフの参考になれば幸いです。

steppy88camp
www.instagram.com/steppy88camp/

インスタグラマー、アイアン工房アンバサダー。夫婦で毎週キャンプ楽しんでます。気軽にコメント＆フォローしてください。

たろーキャンプ
www.youtube.com/@user-lb2wq9hi5g

キャンプギアが大好きなソロキャンパー「たろー」です。カッコよくて実用性も高い道具選びを大切にしていて、レビューのわかりやすさに定評があります。

徒歩キャンプいずみ
www.youtube.com/channel/UCrNu8mCOWlTIHjHVoqbdSKg

徒歩＋公共交通機関を使ってソロキャンプをしている「徒歩キャンプいずみ」です。バックパックを背負って日本各地を巡り旅とキャンプを楽しんでいます。

ねこいろちゃんねる【Laugh&Camp】
youtube.com/channel/UCdfdvQhEyytdqozNIQBtkjw

「笑顔でキャンプを。」をテーマに、ライト(手軽に)に出来るミリタリースタイル「ライトミリタリースタイル」の楽しさを広める事を目的に活動しています。

minimum365 Outdoor Gear Lab
www.youtube.com/@minimum365OutdoorGearLab

アウトドアのアイテムを独自の目線で紹介して行くチャンネルです。自分のフィルターを通して気になったものを、新しいアイテムからベーシックなものまでどんどん買って試していきます。

よすけのキャンプニュース24
www.youtube.com/channel/UCp9w7w0pntQLmifjnthRSKg

軽いけどロマンを感じるCL(ちょこっとライト)装備を目指して100均キャンプギア＆アルストDIY、ミニマルギアレビュー動画を配信。猫工場長と、代理とともにお送りします。

よめだんcamp
www.youtube.com/@yomedan

結婚してから夫婦でキャンプをするようになりました！ 北海道のいろいろなキャンプ場をめぐっていきますので、少しでも楽しい雰囲気が伝われば幸いです。

りょうへい / FIGURE OUT LIFE
www.youtube.com/c/FIGUREOUTLIFE

りょうへいです。Twitter,Instagramもやっています。

掲載は五十音順です。

第3章

価値あるキャンプ道具を選ぶ

ブランド別セレクション

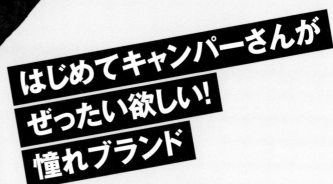

はじめてキャンパーさんが
ぜったい欲しい！
憧れブランド

価格が少し高くても
価値ある本当に買ってよかった
永く使えるキャンプ道具に出会いたい。

はじめてキャンパーさんにとって
もっとも大切なことは
良質で手堅いアウトドアブランドを知ることだ。

日本では今、キャンプ道具のメーカーが
数多く芽吹き、育ち、しっかりと多くの人たちに
支持されるようになってきた。
今回は、誰もが認める
憧れのアウトドアブランドの定番品を中心に
永く使えるリーズナブルなギアをピックアップした。

リーズナブルとは
合理的で納得できる
適正であるということだ。

価値あるキャンプ道具は
永く使ってみて
その真価を知ることができる。

一生付き合える相棒となる
キャンプ道具をしっかりと選んで
アウトドアで楽しい時を過ごしたい。

価値あるリーズナブルなキャンプ道具選びの本
最終章へ。

※記事内における情報は原稿執筆時のものです。店舗により取扱いがない場合や価格変更および販売終了の可能性もあります。あらかじめご了承ください

HOME & CAMP バーナー
13,750円

サイズ/34.6×30.1×12cm
収納サイズ/9×12×25.5cm　重量/1.4kg

家でもキャンプでも使えて実にお洒落な卓上コンロ。ボトル形状のフォルムから五徳が飛び出す画期的な構造に子供も大人もびっくりする。ガス缶をセットする本体部分に五徳を格納。重さは1.4kgで、バッグにもラクラク収まるサイズながら、本体の脚を含めた4点で支えるので、土鍋など大きめの鍋にも対応している超スグレモノ

snow peak
outdoor lifestyle creator　since1958

[スノーピーク]　www.snowpeak.co.jp

世の中にない革命的な
価値のあるキャンプ道具を生み出す

スノーピークのリーズナブルポイント！
一切の保証書をつけていないが、スノーピークの全製品は永久保証だ。素材の経年劣化や使用による激しい損傷以外は、壊れたら買い換えるのではなく、修理を繰り返し、永年使ってもらえることをポリシーとしている。ゆえに直して使えるスノーピークの道具は責任を持って修理している。

スノーピークの野遊びのための道具は、キャンパーであり、クリエーターである社員一人一人が、厳しい環境下で仮説検証した結果、ユーザー目線で生まれた逸品ばかり。永く愛せるスノーピークならではの価値は、野遊びの中で使ってみて真価を発揮する。価格を超えてくる満足。全製品に永久保証が付く。簡単なことではない。が、だからこそスノーピークはこだわっている。世界に誇れる日本のアウトドアブランド。スノーピーク品質こそ永く使えるホンモノのリーズナブルといえる。

リトルランプ ノクターン
6,380円

サイズ/4.2×4×10.5cm　重量/102g

スタイリッシュなデザインと機能性を両立するのがスノーピークの真骨頂。グッドデザイン賞受賞のリトルランプはガスカートリッジの種類に問わずガスの消費量は、1時間にわずか7グラムと高効率で高性能。キャンドルのような柔らかな灯りが得られ、煙突効果でスムーズに着火でき、操作性に優れている

アルミパーソナルクッカーセット
5,544円

サイズ／Lポット／φ14.8×8cm（1,150ml）、フタL／φ15.5×36mm・550ml、Sポット／φ126×76mm・800ml、Sフタ／φ132×32mm・350ml
収納サイズ／φ155×100mm　重量/500g

アルミ素材の浅型クッカーはキャンプの必須アイテム。開口部が広い浅型クッカーは調理がしやすく、煮込み料理にも対応。食器としても使いやすく、洗うのも楽な形状が嬉しい。スタッキングしてコンパクトになる優れたデザイン性が◎だ

スクー
1,452円

サイズ／3.3×16.3cm
重量/16g

これさえあればパスタやラーメン等のヌードル類をフォークで、ご飯やスープはスプーンで、どんな料理も美味しく食べられる。軽くて丈夫なチタン製のマルチカトラリーは、グリップ裏面にご飯を炊くときに便利な飯炊きスケールが付いている

チタンシングルマグ 450
3,520円

サイズ／φ86.2×91.5mm　重量/70g　容量/450ml

キャンプでテーブルの上にスノーピークのチタンマグがあるだけで気分があがる名品。まずは手頃なチタンシングル220を。さらにシングル300、450でスタッキングを愉しむ。嬉しい事にチタンダブルマグも最新モデルの350（MG-152）と450（MG-153）でスタッキングが可能になった。ピッタリハマる。一生モノのスノピのマグを家でも野遊びでも、徹底的に使い倒したい。使えば使うほどリーズナブルで、価値あるギアに育つ！

マナイタセット M
5,720円

サイズ／25.6×20×1.7cm
収納サイズ／25.6×10×3.4cm
重量/470g

板を開くと中に包丁がセットされている折り畳み式のマナイタ。包丁の落下防止用のマグネットによって包丁を固定。安全で衛生的に携帯使用できるマナ板と包丁。こちらも家でキャンプで活躍してくれる二刀流のマルチアイテムだ

焚火台 M
17,160円

サイズ/35×35×24.8cm
収納サイズ/45×51.5×3.2cm
重量/3.5kg

開いて置くだけの簡単設営。タフなステンレス素材を使い、剛健なスペックを備えた焚火台。スノーピークを象徴する超名品であり、焚火台というアイテムが世の中に誕生するきっかけとなった逸品。焚火と共に焚火調理も楽しめるのが嬉しい定番アイテムだ

Myテーブル竹
14,520円

サイズ/45×33.5×38.5cm
天板サイズ/45×30×1.2cm
収納サイズ/45×33.5×7.2cm
重量/1.8kg

天板には環境負荷の少ない竹を使った人気のテーブル。コチラは最もコンパクトで持ち運びも簡単。抜群の安定性と清潔感あるデザインで、好きな場所で好きな飲み物を愉しむための相棒として欲しい使い勝手の良いテーブルだ。ヘビーローテで使いたい

たねほおずき
6,380円

サイズ/φ6.2×7.5cm
重量/57g

スノーピークの名作「ほおずき」の名を継いだ「たねほおずき」は直径62mmの小さなLEDランタン。愛らしいデザインながら上部に装備したマグネットキャッチで、ヒモに通して吊るしたり、磁石が付く鉄製品に取り付け可能。ロウソクのような光のゆらめきが魅惑的なナイトランプ

スノーピーク
広報 **木下雄斗**サン

スノーピークのスタッフが
オススメのキャンプ道具

　私のオススメは、スノーピークの開発者自身が初心者目線に立ち返って必要な機能を洗い出し、誕生した新たなエントリーモデル「ランドネスト」です。フライシートに前後の区別をもたせていないのも、開発者のこだわり。吊り下げ式のインナーテントは前と後ろ、どちらの位置にも付けられます。さらに三角パネル部分には、フライシートとインナーテントの両方にメッシュパネルを配置。インナーテントは前後左右にメッシュがあることで風の通りが非常に良く、快適性が向上しています。

エントリーモデル「ランドネスト」

シームレス ダウンハガー800 #5
29,700円

サイズ/R/ZIP（右ジッパー）、L/ZIP（左ジッパー）
収納サイズ/∅12×24cm（2.4L）
適応身長/183cmまで対応
重量/462g
快適温度/8℃　使用可能温度/3℃

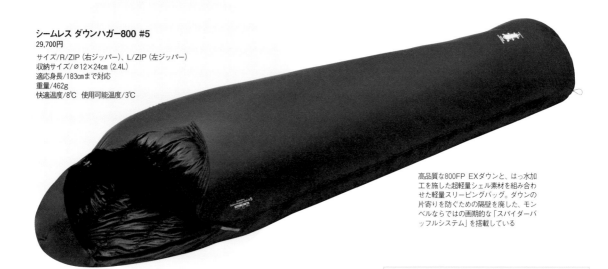

高品質な800FP EXダウンと、はっ水加工を施した超軽量シェル素材を組み合わせた軽量スリーピングバッグ。ダウンの片寄りを防ぐための隔壁を廃した、モンベルならではの画期的な「スパイダーバッフルシステム」を搭載している

モンベルのリーズナブルポイント!
大切なギアが破損してもモンベルに修理依頼ができるので、万が一壊れてしまっても修理をして長く愛用できる。また穴あきや破れなどの破損であれば、リペアキットを使用し、自分で直すことも可能だ。

mont·bell

[モンベル] www.montbell.jp

手に届きやすい価格ながら
高機能なキャンプギアが揃う!

日本の気候を知り尽くし、日本人に合わせたウェア・ギアが豊富なのがモンベルだ。1975年大阪で創業され、登山をはじめとする、アウトドア用品を開発する世界に誇れるブランド。厳しい環境の中で快適に行動できるよう「機能美」と「軽量と迅速」をコンセプトにもの作りをしている。モンベルのテントは、軽く、高い耐久性を持ちながら、シンプルな構造で、初心者でも組み立て等が簡単なのが嬉しい。

フォールディング フィールドチェア
10,780円

サイズ/79×60×55cm
収納サイズ/79×15×55cm
重量/2.9kg

高い安定感を持つ折り畳み式チェア。背もたれとアームレスト、座面はパッド入りで、長時間座っていても疲れにくく、ゆったりとした座り心地がいい。重量2.9kgと軽量で、折り畳めば簡単に持ち運ぶことができる

L.W.マルチ フォールディング テーブル
18,700円

サイズ/67・54・39×72×70.5cm
収納サイズ/11×17×70cm
重量/2.28kg

独自の「ハイローザシステム（特許出願中）」により、コンパクトに折り畳め、チェアの高さや使用シーンに合わせて、天板の高さを三段階に変えることができるテーブル。天板は軽量耐久性に優れたPVCターポリンを使用

※記事内における情報は原稿執筆時のものです。店舗により取扱いがない場合や価格変更および販売終了の可能性もあります。あらかじめご了承ください

ムーンライト テント1
34,980円

サイズ/105×110×210cm
収納サイズ/ø16×56cm
重量/1.71kg

モンベルが誇るロングセラーモデル。月明かり（ムーンライト）の中でも簡単に設営でき、かつ居住空間に優れている。モンベルならではの保水しにくい生地を使い、優れた通気性で蒸れにくく、雨の多い日本に最適な逸品だ

ミニタープHX
10,120円

サイズ/280×338cm
収納サイズ/ø12.5×23cm
重量/870g　ポール別売

軽量でコンパクトながら、居住空間に余裕があり、風に対しても比較的強い六角形デザインの小型タープ。自転車やオートバイのソロツーリングなど荷物を軽くしたい行程に最適。燃え広がらない難燃加工が施されている

フィールド ハンモック
13,420円

サイズ/240×142cm
収納サイズ/ø13.5×19cm
重量/720g
カラビナ2個、ストラップ2本付属

設営が簡単で、気軽にフィールドに持ち出せる軽量・コンパクトなハンモック。本体には軽量ながらも強度に優れ、肌触りのよいサラサラとした生地を使用。小物入れにもなる収納ポケットが付き、木などの支柱に簡単に取り付けできるツリーストラップが付属している

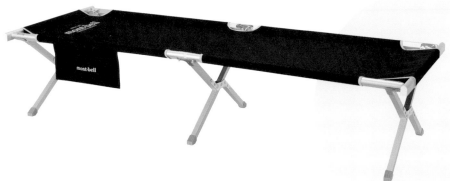

フォールディング フィールドコット
18,700円

サイズ/40×66（最大72cm）×190cm
収納サイズ/94×10×19cm
重量/6.83kg

高い安定性と耐久性を備えた、組み立て式のアウトドア用ベッド。簡単に組み立てができ、キャンプなどでくつろぎの時間を演出してくれる。スタッフバッグ付きで持ち運びも楽にでき、快適なキャンプに活躍するアイテムだ

U.L. コンフォートシステム アルパインパッド25 150
11,330円

サイズ/150×50×2.5cm
収納サイズ/∅14.5×25cm
重量/571g　リペアキット付属/スタッフバッグ付き

抜群の軽量・コンパクト性を実現したマット。独自のマミー型形状を採用し、軽量・コンパクト性と快適性を両立。穴のないソリッド上の軽量スポンジを使い、クッション性と保温性が均一に保たれ、快適な寝心地が得られるスグレモノだ

アルパインクッカー ソロセット　4,180円

サイズ/アルパインクッカーディープ9：∅10.8×8.8cm
アルパインクッカー ディープ11：∅13×10.8cm
内容/アルパインクッカーディープ9（0.4L）
アルパインクッカーディープ11（0.75L）
重量/288g
スタッフバック付き

ソロ（一人）での使用に適したクッカーセット。表面に硬質の酸化被膜を作るハードアナダイズ加工を施すため、抜群の耐食・耐摩耗性を持たせている。アルパインクッカー9ディープとアルパインクッカー11ディープのセット。「11」の中に「9」を収納しコンパクトにパッキングできる

JETBOILジップ
13,200円

収納サイズ/∅10.4cm×高さ16.5cm
容量/0.8L
重量/約340g（付属スタビライザー27g、ゴトク35g除く）

独創的なデザインにより、わずかな燃料で素早く湯沸かしや調理のできるアウトドア・バーナー。カートリッジに装着して転倒を防ぐスタビライザーと、専用クッカー以外のクッカーに対応するゴトクが付属している。ガスカートリッジ別売

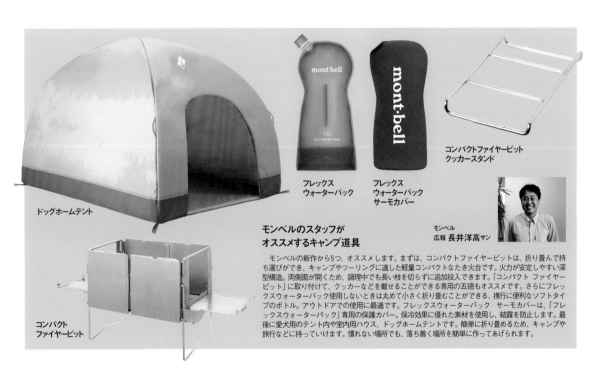

ドッグホームテント

コンパクト
ファイヤービット

フレックス
ウォーターバック

フレックス
ウォーターバック
サーモカバー

コンパクトファイヤービット
クッカースタンド

モンベル
広報　長井洋高サン

モンベルのスタッフが
オススメするキャンプ道具

　モンベルの新作から5つ、オススメします。まずは、コンパクトファイヤービットは、折り畳んで持ち運びができ、キャンプやツーリングに適した軽量コンパクトなたき火台です。火力が安定しやすい深型構造。両側面が開くため、調理中でも長い枝を切らずに追加投入できます。「コンパクト ファイヤービット」に取り付けて、クッカーなどを載せることができる専用の五徳もオススメです。さらにフレックスウォーターバック使用しないときは丸めて小さく折り畳むことができる、携行に便利なソフトタイプのボトル。アウトドアでの使用に最適です。フレックスウォーターバック　サーモカバーは、「フレックスウォーターバック」専用の保護カバー。保冷効果に優れた素材を使用し、結露を防止します。最後に愛犬用のテント内や室内用ハウス、ドッグホームテントです。簡単に折り畳めるため、キャンプや旅行などに持っていけます。慣れない場所でも、落ち着く場所を簡単に作ってあげられます。

SWE PRIMUS ®

[プリムス] www.iwatani-primus.co.jp

世界中のアウトドアマンから愛されるスペシャルブランド

スウェーデン生まれのプリムス社は、長い歴史を持つ屋外用燃料器具の専門メーカー。プリムスブランドのこんろは、南極大陸横断やエベレスト登頂などの歴史的偉業に携行されたヒストリーを持つ。プリムスのストーブ（こんろ）は、燃料として使われていたパラフィンに圧力を加え、ガス化させ、すの発生を抑えるという、画期的なものだ。ストーブから歴史がはじまったプリムスは、今も世界中のアウトドアマンの熱い要望に応え続けている。

フェムトストーブ II
8,800円

出力/2.5kW／2,100kcal/h
本体重量/64g

プリムスのラインナップの中で最軽量こんろ。手のひらサイズのコンパクトさはどこへでも持ち運べる携行性に優れた逸品だ。火力調整の操作性を高めるためワイヤー式のツマミを採用している

2245ランタン
14,300円

サイズ/8.3×8.3×12.7cm
重量/200g
照度：約370ルクス（Tガス使用時）
ガス消費量：30g/h
燃焼時間：約8時間（IP-250タイプガス使用時）

発光体を囲むホヤ部はスリガラスを使用し、優しい光が特徴のプリムスランタン。吊り下げが簡単に行えるワイヤーサスペンダーを採用し、機能性を向上。マイナーチェンジを重ねながら長年愛され続けているプリムスを代表するガスランタンだ

オンジャ（ブラック）
27,500円

ゴトクサイズ/410×140mm
収納サイズ/43.0×14.0×30.0cm
重量/3.0kg（＋ウッドボード490g）
出力/4.1kW
3500kcal/h×2（500Tガス使用時）
ガス消費量/292g/h×2
（IP-500ガス使用時）

スウェーデンのプリムス社が提案する「ベースキャンプ」コンセプトのツーバーナー。付属のウッドボードはテーブルの鍋敷きやサービングボードとして使用可能。セットアップが非常に簡単で、軽量＆スリムを実現した唯一無二の北欧デザイン。最大火力3500kcal/hの出力を発揮するバーナーを2つ持ち、ロースタイルキャンプ、デイキャンプにも便利に使用できる

カモト
オープンファイアピット S
26,400円

サイズ/約38×45×33cm
収納サイズ/約38×52×6cm
重量/約6.1kg

素早くセットして地面にダメージを与えずに焚き火を楽しむことができるプリムスのポータブルファイアピット。腐食に強いステンレスとパウダーコーティングされたスチール製のボディで、未使用時はフラットに収納することが可能。バーベキューをする際に必要なグリルも標準装備しているのも嬉しい

メスティン
2,200円

サイズ/17×9.5×6.2cm
容量/750mℓ 炊はんの目安/約1.8合
重量/150g

熱伝導率の高いアルミ製で、熱が全体に回りアルコールバーナーでもごはんが大変美味しく炊ける取手付きアルミ製飯ごうがメスティンだ。小物入れやランチボックスとしても便利な名品だ

北欧のアウトドア大国
スウェーデンを代表するトップブランド

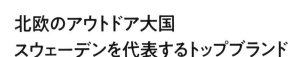

[トランギア]　www.iwatani-primus.co.jp/products/trangia

第3章 ぜったい欲しい！ 憧れブランド

トランギアのリーズナブルポイント
メスティン大流行の発祥は、トランギアが源となっている。永く愛され続けるストームクッカーとアルコールバーナーもトランギアの代表ギアだ。アルミを使ったクッカーは軽く、熱効率がよく、何よりもシンプルな点がポイントだ

トランギアブランドを付けた商品は、徹底した品質管理を行う必要があると考え、スウェーデンでの生産にこだわり続けているアルミ製調理器具とアルコールバーナーのメーカーだ。1925年スウェーデン中部の街Trångsvi kenで創業されたトランギアは、スウェーデンらしいとも言える合理主義を追求したシンプルなデザインで、収納性に優れるクッカーとアルコールバーナー燃料システムを作り上げている。

ミニトランギア
6,160円

収納サイズ/Φ15cm×7cm
重量/350g

アルコールバーナー本体と専用ゴトクTR-281と0.8リッターのソースパン、ミニフライパン、ミニハンドルがセットになったクッカーセット。フライパンの内側にはノンスティック加工を施し、調理時の焦げ付きを防ぎ、使用後の汚れ落としが楽なのだ

アルコールバーナー　3,300円

収納サイズ/Φ7.5×4.5cm
重量/110g
使用燃料/エチルアルコール、メチルアルコール

アルコールタンク2/3の注入量で、約25分間燃焼し、風や低温に強く、着火も簡単。半世紀以上のロングセラーを誇るトランギアのアルコールバーナーだ

ケトル0.6リッター
3,300円

サイズ/Φ13.5×H7.5cm
重量/140g

シンプルながら北欧スウェーデンならではの美しいケトル。焚き火やグリルで使い込んでいけば、独特の味わいとなり、愛着が深くなるのがトランギアのケトルだ

パーティーミニ
17,050円

アルミ素材にこだわりを持ち、軽量でコンパクトなスタッキング収納を売りとするクッカーシリーズの真骨頂と言えるギアがコチラ。ケトル0.9リッター、ソースパン、ビリーコッヘル2.5リッター、フライパンMがセットで、さらにとりわけ皿としてのプレートを追加してもまとめて収納することができる。仲間や家族とのキャンプ、時にはソロでという時でもトランギアのパーティミニから必要なアイテムをセレクトして持ち出すということも可能な完成度の高いお得なセットだ

イワタニ・プリムス株式会社
金牧秀明サン

イワタニ・プリムスのスタッフが
オススメするキャンプ道具

オススメは、トランギアのストームクッカーS・BKバージョン（18,700円）です。トランギアの代表モデルでフライパンだけではなく、2つのソースパンもノンスティック加工されているので焦げ付き難く、使用後の拭き取りも楽で使い勝手が良い

Iwatani

[イワタニ]　www.iwatani.co.jp/jpn/

アウトドア料理の救世主
イワタニのこんろが優秀なのだ!

イワタニのリーズナブルポイント

イワタニは、LPガス、カセットこんろを中心としたエネルギー事業と水素などの創業以来の産業ガス事業を基幹としている。さらに派生した機械、溶材、電子機器、マテリアル、食品など幅広い分野で事業展開する企業。高い技術力と品質が価値あるポイントだ。

カセットこんろのパイオニアメーカーがイワタニだ。アウトドアに持ち出して使える風に強いこんろなど、実に使い勝手がいい道具が揃っている。イワタニは、お家の食卓から自宅の庭やテラスで、キャンプやバーベキューなどの野外で、快適なクッキングが楽しめるギアばかり。日本で唯一イワタニのカセットこんろがすべて揃うイワタニアウトドアショップベースをオープンさせるなど、注目のブランドだ。

カセットフー タフまるジュニア
10,978円

サイズ/28.6×19.3×12.2cm
重さ/約1.6kg

出力2.3kWのこんろ。外側風防と内側風防の2段階のプロテクトで炎に影響を及ぼす風をさえぎる。五徳の上にのる鍋や調理器具の形状にかかわらず、安定した遮風効果が得られるスグレモノだ

カセットフー 風まるIII
9,900円

サイズ/35.7×27.8×11.5cm
重さ/約2.2kg

特許取得済みのダブル風防ユニットで、圧倒的に風に強い出力3.5kWのカセットこんろ。キャンプ用にも防災用でも活躍する。キャリングケース付きで持ち運びも簡単

**カセットガス
ジュニアコンパクトバーナー**
5,150円
(公式オンラインショップ「イワタニアイコレクト」のみで販売)

サイズ/15.5×15.5×12.7cm
収納サイズ/82×68×10.9cm
重量/約274g

1リッターの水を約4分で沸騰させることができる高い加熱能力を持つ高熱効率バーナー。風防兼用五徳構造だから風に強いのだ

**カセットガスジュニア2P
CB-JR-120P**
770円

サイズ/6.5×12.9cm (1本あたり)
重さ/約420g

小型タイプのカセットこんろやジュニアコンパクトバーナーなどに使えるカセットガスジュニア2本組。コンパクトで持ち運びやすい

**カセットガス アウトドア
トーチバーナー**
2,640円

サイズ/16.9×4.2×9.3cm
重さ/約175g

点火レバーを握ると点火、離すと消火する構造の新構造のガストーチバーナー。炎調節つまみで炎の形状を自在に変えることができる。木炭着火用にあると便利なバーナー

カセットフー プチスリムIII
5,973円

サイズ/27.9×18.5×8.5cm
重さ/約1.0kg

通常のカセットこんろより置き面積が約4割小さい省スペースこんろ。ソロキャンプにもいい、持ち運びも楽なコンパクトサイズ

インフィニティチェア
12,980円

サイズ/約92×69×110cm
収納サイズ/約15×69×90cm
重量/約8.8kg

コールマンのチェアは数あれど、どれも名品ばかりだ。ふんわりと寝転んでいるような気持ちいい座り心地は贅沢なリラックスタイムを生み出してくれる。座ったままでリクライニングが可能で、設営撤収も簡単

ナチュラルモザイクファミリーリビングセットプラス
32,780円

サイズ/テーブル:約87×77×65cm
ベンチ:約84×27×36cm スツール:約27×23.5×36cm
収納サイズ/約87×10.5×39.5cm
重量/約13.2kg

コールマンのベンチとスツールがテーブル内にすっきり収納できるリビングセットも定番品。テーブルは抗菌加工を施した天板で、6人が囲めるベンチとスツールのセットされている。グループキャンプでシェアして持っていれば、一人あたりのコストも下げられる

コンパクトグランドチェア
4,950円

サイズ/約39×52.5×43.5cm
収納サイズ/約10×14×61cm
重量/約1.7kg

フレーム入りの背もたれがしっかり体を支えくれる地べたに座れる快適なグランドチェア。軽量コンパクトで、持ち運びに便利な収納ケース付き。背面ポケットも便利に活躍してくれる

長く愛してキャンプ道具を使い続ける事 これがコールマン流儀のリーズナブル！

コールマンのリーズナブルポイント
新しいキャンプスタイルを目指して、ごみゼロなど、ビギナーキャンパーからベテランキャンパーまで、人と自然に優しいキャンプについて考える「グッドキャンパーへの心得」をHPで発信したり、ロングライフ製品への取り組みもコールマンならではのポイントだ

キャンプ道具のブランドとしてお馴染みのコールマン。創業は1901年米国カンザス州。ライト兄弟が有人飛行を成功した1903年には自家製ランプを製造開始した。120年余りの歴史がある老舗ブランドならではの長く使えて、価値のあるアイテムが揃う。100年前のコールマン製ランタンが今でも使用できたり、人気のアウトドアワゴンなど、様々な楽しいキャンプスタイルを提案し、牽引しているのがコールマンだ。

フォールディングチェアワイド
9,900円

サイズ/約67×62×10.1cm
収納サイズ/約67×8×96cm
重量/約2.2kg

ワイドかつハイバックでゆったり座れるローチェアもマストアイテムとして選びたい。肌触りの良いウッドアームレストで、リラックスして座れるワイドな設計が嬉しい。いつまでも座っていたい逸品チェアだ

バタフライテーブル／120
22,880円

サイズ／70×120×70／60／44cm
収納時サイズ／約36×120×9cm
重量／約5.7kg

高さが3段階に調整できるスグレモノのテーブル。広々使えて、高さ調節もできて、さらに軽い。デザインもお洒落で、キャンプ時以外、在宅勤務用テーブルにしたり、リビングで使えば使用頻度が上がって、リーズナブルに使えること間違いなし

ファイアープレイステーブル
20,900円

サイズ／約100×100×27cm
収納サイズ／約100×17×11cm
重量／約6kg

収納ケース付きで、簡単セットアップ、簡単撤収ができるサビに強いオールステンレス製の焚き火台テーブル。軽量、コンパクトな設計で、焚き火でみんなでワイワイと愉しむためのアイテム

オールインワンキッチンテーブル
19,690円

サイズ／約149×55.5×170/190cm
テーブル：約80×54×80cm
収納時サイズ／約80×11×28cm
重量／約6.7kg

野外で調理するのは実は大変。このコールマンのキッチンテーブルがあれば、コンロを置いて、ランタンもかけられるし、フライパンや鍋も置ける。お玉やフライパン返しやトングも吊るせて、と調理がラクで楽しくなる

リチャージャブルハンギングランタン
5,390円

サイズ／約φ12×13cm
重量／約300g
明るさ：最大 約400LM/150LM/50LM
明るさモードHigh/Medium/Low/Flash

家のインテリアとしても使えて、アウトドアではしっかり機能するリチャージャブルハンギングランタン。USBケーブルで充電式ランタンだからコスパもいい。オープンハンドルで手軽に吊り下げて、テントサイトを明るく照らしてくれる

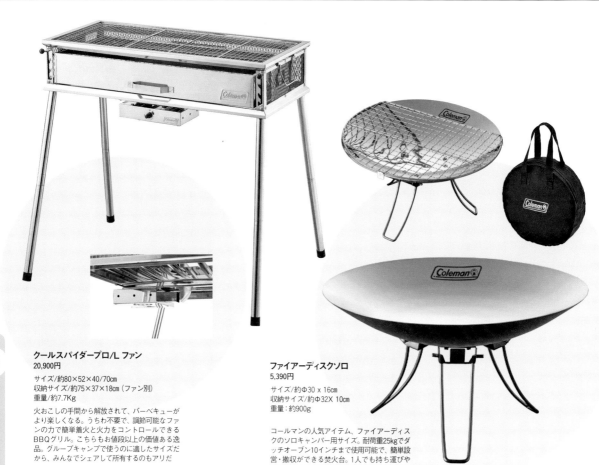

クールスパイダープロ/L ファン
20,900円

サイズ/約80×52×40/70cm
収納サイズ/約75×37×18cm（ファン別）
重量/約7.7Kg

火おこしの手間から解放されて、バーベキューが
より楽しくなる。うちわ不要で、調節可能なファ
ンの力で簡単着火と火力をコントロールできる
BBQグリル。こちらもお値段以上の価値ある逸
品。グループキャンプで使うのに適したサイズだ
から、みんなでシェアして所有するのもアリだ

ファイアーディスクソロ
5,390円

サイズ/約Φ30 x 16cm
収納サイズ/約Φ32X 10cm
重量：約900g

コールマンの人気アイテム、ファイアーディス
クのソロキャンパー用サイズ。耐荷重25kgでダ
ッチオーブン10インチまで使用可能で、簡単設
営・撤収ができる焚火台。1人でも持ち運びやす
い900gで、持ち運び用の収納ケース付きだ

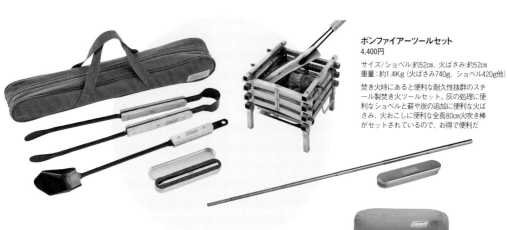

ボンファイアーツールセット
4,400円

サイズ/ショベル：約52cm、火ばさみ：約52cm
重量：約1.4Kg（火ばさみ740g、ショベル420g他）

焚き火時にあると便利な耐久性抜群のスチ
ール製焚き火ツールセット。灰の処理に便
利なショベルと薪や炭の追加に便利な火ばさ
み、火おこしに便利な全長80cm火吹き棒
がセットされているので、お得で便利だ

Coleman
マーケティング部 木本サン

コールマンのスタッフが
オススメするキャンプ道具

おすすめのキャンプギアは、今年発売しまし
た「エアカウチ」です。空気を入れるだけで
あっという間にくつろぎスペースに早変わり
する本格チェアです。底面には強度のある生
地を使用し、4隅のペグループで固定もでき
るため、アウトドアでも安心してお使いいた
だけます。また、空気を抜けばコンパクト収
納で持ち運びも簡単です。一人掛け用のほか、
二人掛け用の2種類を展開しています。

レギュレーターストーブ ST-310
6,930円

サイズ/16.6×14.2×11cm
収納サイズ/14×7×11cm
重量/330g

SOTOが開発したマイクロレギュレーターによって、低温の外気により火力低下を起こしやすいCB缶の弱点を克服。外気温25度～5度の環境下でも常に一定の火力を発揮する。大きなゴトクを装備しているからフライパンや鍋も安定して調理できるスグレモノなのだ。コレは本当に使い勝手がいい

アミカス
5,940円

サイズ/7.6×10×8.6cm
収納サイズ/4×4.3×7.5cm
重量/81g

ベテランキャンパーさんからはじめてキャンパーさんまで、SOTOのアミカスバーナーをまずは選択して間違いがない。軽量で、小さくコンパクトかつ、火力もいいと、トータルバランスに優れたマストアイテムとなるバーナーだ

アミカス クッカーコンボ
7,700円

サイズ/
アミカス:7.6×10×8.6cm 収納サイズ:4×4.3×7.5cm
クッカー小:サイズ:直径12x6cm
クッカー大:サイズ:直径13x10cm
重量/アミカス81g/クッカー小105g/クッカー大140g
容量/クッカー小500mℓ/クッカー大1,000mℓ

はじめてのソロキャンパーにオススメなのがコチラ。トータルバランスに優れたコンパクトストーブ、SOTOシングルストーブ、アミカスとアルミクッカーのセットだ

SOTO
Sparked by nature
［ソト］soto.shinfuji.co.jp

青い炎を生み出す
唯一無二のアウトドアブランドだ

SOTOのリーズナブルポイント!
安全性・耐久性も兼ね揃え、常に完全燃焼するバーナーを中心に、品質には絶対の自信を持つのがSOTOのポイントだ。その理由は、1/1000ミリの誤差を見極める眼を持つ、プロ集団が開発製造を担っているからだ。

SOTOの母体となる新富士バーナーは工業用や業務用など、プロ向けのバーナーも開発生産する会社なのだ。SOTOのバーナーは今やアウトドアの必須アイテムとして無くてはならない超定番ブランドとして定着している。なぜなら、圧倒的に使い勝手が良く、品質がいいからだ。ストーブ、トーチ、ランタン他、焚火台やクッキングツール、スモーク、テーブルと名品が多い。さらにはSOTOオリジナルのテントも登場と、まさに唯一無二の成長ブランドである。

Hinoto（ひのと）
8,800円

サイズ/3.8×3.8×15.6cm
重量/237g

コンパクトながら存在感があり、癒しを与えてくれるキャンドル風ガスランタン。充てん式専用タンク/OD缶どちらにも取り付け可能で、ちょうどいいサイズ感がいい

エアスタ　ベース
15,400円

サイズ/25×25×21.5cm
収納サイズ/10×34×21.5cm
重量/約1650g

中央の筒の下より空気を取り込むことで薪への着火が容易になる近未来的な焚き火台。着脱式のウイング（火床）により、焚き火台のサイズを変えることができる。ベース、ウイングM、ウイングLはそれぞれ別売の製品となっている

エアスタ　ウイング　M
5,940円

サイズ/33.5×16.5cm
重量/約315g

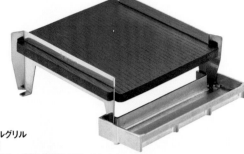

ミニマルグリル
6,600円

サイズ（フレーム組み付け時）/16.2×13.5×6cm
鋳鉄プレート/13.5×13.5×0.8cm
重量/約1.1kg（フレーム組み付け時）約1.0kg（鋳鉄プレート）

食材をじっくり芯まで焼くためにカーボンを露出させ熱伝導率をアップ。表面の特徴的な縞模様で食材がこびりつきにくいミニマルワークトップ専用のグリルだ

ステンレスヘビーポット GORA（ゴーラ）
19,800円

サイズ/20cmポット/24×22×9.8cm 他
総重量/3.5kg

3つのポットをスタッキングして収納できる。重厚なポット＆リッドの3種（大・中・小）セット3種重ねて、さらにステンレスダッチオーブン10インチもピッタリ。リフターはリッドのつまみとポットのつかみの二役とコスパもいい

ステンレスダッチオーブンST-908
22,000円

サイズ/8インチ:内寸:直径20.6×深さ9cm
外形:31×22.6×12.5cm
重量/8インチ:約3.5kg
内容量/8インチ:約2.6L

使い始めや使用時の慣らし作業＝シーズニングが不要なのがステンレス製ダッチオーブンの最大の利点だ。家庭用の鍋と同じ手入れで使用でき、使用後のサビ防止用油もいらない。持ち運びの際の衝撃や急激な温度変化などにより割れることもない

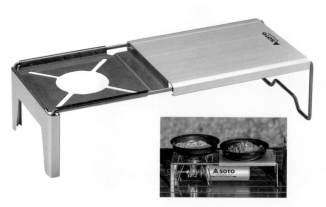

ミニマルワークトップ
5,940円

サイズ/37.6×15.3×9.5cm
収納サイズ/30×15.3×3.3cm
重量/約600g

大人気レギュレーターストーブST-310/ST-340と組み合わせて、どこでも自分だけのコンパクトなキッチンがつくれるテーブルだ。さらにミニマルグリルとセットアップすると、より調理の幅が広がる逸品

マイクロトーチ ACTIVE（アクティブ）
1,980円

サイズ／5×1.9×9cm
重量／45g
超小型強力耐風バーナーは手のひらにすっぽり入るサイズ。燃料は充てん式で、カセットガスからの充てん可能。操作性に優れた火口ヨコ型モデルだ

ミニマルホットサンドメーカー
6,600円

サイズ／13.6×33.9×3.9cm
収納サイズ／13.6×19.2×5.3cm
重量／約630g

熱伝導率の高いアルミダイキャスト製にフッ素樹脂コーティングされたホットサンドメーカー。安定感を強化するため、プレート重量とハンドルのバランスが考えられた逸品。コンパクトに折り畳みができるのが◎だ

虫の寄りにくいランタン ケースセット
13,200円

サイズ／直径13.6×37.5cm
収納サイズ／直径13.6×22.5cm
重量／1.3kg

春夏キャンプはテントサイトを明るくするとどうしても起こりがちな虫問題。虫の寄りにくいランタンST-233は3つの効果で虫対策した。パワーブースター標準装備でドロップダウンを防ぎ、安定した光量が得られる

木製フリーボード S
2,970円

サイズ／26×21.5×1.5cm
重量／360g

天然アカシア材を使った木製ボードは、S・M・Lの3サイズ。カッティングボード、鍋敷き、ディッシュボードとして使用できる。天然木の質感を生かしてウッドワックスオイルで仕上げている

ST-810_HORUS

SOTO
広報 坂之上丈二サン

SOTOのスタッフが
オススメのキヤンプ道具

　SOTOがつくるとこうなりました！と言えるテントが発売されます。天幕を開けることでSOTO製のガス器具が使えるテントです。四方を幕で囲われているので一見、圧迫感があるように見えますが、実際に中に入ると天幕が開いていることの圧倒的な解放感を感じていただけると思います。星空を眺めながらホットワインを飲み、眠くなったらそのまま背面の寝室へ。アウトドアでのプライベート空間をお楽しみいただけると思います。

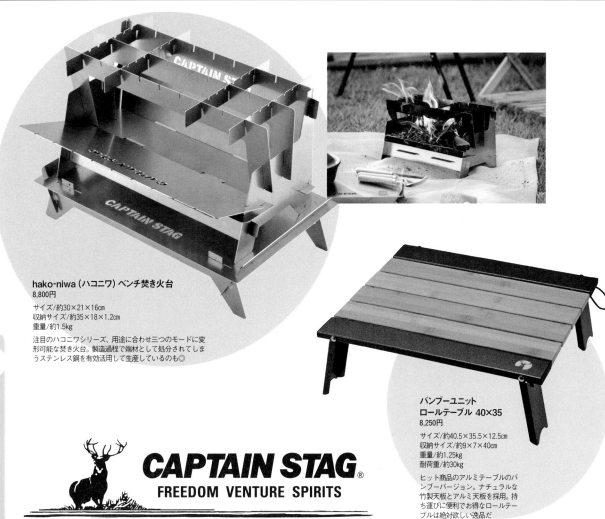

hako-niwa (ハコニワ) ベンチ焚き火台
8,800円

サイズ/約30×21×16cm
収納サイズ/約35×18×1.2cm
重量/約1.5kg

注目のハコニワシリーズ、用途に合わせ三つのモードに変形可能な焚き火台。製造過程で端材として処分されてしまうステンレス鋼を有効活用して生産しているのも◎

**バンブーユニット
ロールテーブル 40×35**
8,250円

サイズ/約40.5×35.5×12.5cm
収納サイズ/約9×7×40cm
重量/約1.25kg
耐荷重/約30kg

ヒット商品のアルミテーブルのバンブーバージョン。ナチュラルな竹製天板とアルミ天板を採用。持ち運びに便利でお得なロールテーブルは絶対欲しい逸品だ

CAPTAIN STAG®
FREEDOM VENTURE SPIRITS

［キャプテンスタッグ］ www.captainstag.net

使いやすさ、購入しやすさを大切にした
アウトドア総合ブランドなのだ!

キャプテンスタッグのリーズナブルポイント!
キャプテンスタッグはキッチン・リビング用品を扱うパール金属のアウトドア部門として、1976年に新潟県三条市で誕生。特筆すべき点は欲しいものが必ず見つかる多彩な商品ラインナップと燕三条のモノづくり精神に溢れるアイテムが購入しやすい価格で手にすることができるのがポイントだ

大人気のアルミテーブルなど、リーズナブルながら、画期的なアイディアのあるアウトドアギアが揃うアウトドア用品の総合ブランド。バーベキューコンロやアウトドア用の食器にはじまり、テント、シュラフ、クッキングテーブルなどへ展開。今ではサイクリング用品やカヌー用品、ガーデニング用品にまで分野を拡大し、オールラウンドなアウトドアブランドとして成長中。新製品にも注目したい。

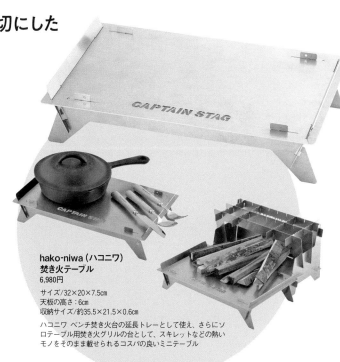

**hako-niwa (ハコニワ)
焚き火テーブル**
6,980円

サイズ/32×20×7.5cm
天板の高さ/6cm
収納サイズ/約35.5×21.5×0.6cm

ハコニワ ベンチ焚き火台の延長トレーとして使え、さらにソロテーブル用焚き火グリルの台として、スキレットなどの熱いモノをそのまま載せられるコスパの良いミニテーブル

CSブラックラベル V型ファイアグリル＜ワイド＞
9,900円

サイズ/約39.5×36×34cm 網サイズ/約30×16cm
収納サイズ/約39.5×9.5×29cm
重量/約3kg

アミとゴトクを使い分け、色々な調理を楽しめる。焚き火・バーベキュー・ダッチオーブン・煮炊きの1台4役。ゴトクはスライド式で位置を変えられ、薪や炭の継ぎ足しが可能だ

hako-niwa (ハコニワ) ヘキサグリル＜ミニ＞
7,700円

サイズ/約18.5×16.5×16cm
収納サイズ/約16.5×26.5×1.5cm
重量/約800g

薄型収納のバッグ付きで、持ち運びも楽。ヘキサタイプの小型焚き火台は、固形燃料用小型ストーブ、キャンドルスタンド等にも使えるリーズナブルな便利モノだ

CS ファン付きCOBランタン (カーキ)
2,090円

サイズ/約8.7×8.7×14cm (ハンドル含まず)
重量/約240g
明るさ/約200ルーメン

単3型乾電池3個使用のファンとランタンが1つになったCOBランタン。ライトのみ、ファンのローモードで8時間、ハイモード5時間、ライト+ファン2時間OK。暖色COBが優しい光を生む

2Way 焚き火三脚
6,600円

サイズ/ハイスタンド:約66×58×114cm
ロースタンド:45×42×78cm
収納サイズ/約9×7×52cm
重量/約820g

吊り下げ位置が自由に変えられる自在チェーンと収納バッグが付いた2Way焚き火三脚。ハイ1m14cm & ロー78cm、2WAYでの使用ができ、ハイはファミリーに、ローはソロに最適だ

ファイアグリル テーブル
13,200円

サイズ/約91×65×26cm
収納サイズ/約65×45×7.5cm
重量/約4.8kg

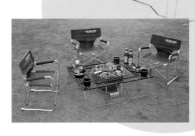

グループキャンプやファミリーキャンプで大活躍するファイアグリルテーブル。グリルを囲んだテーブルに食器やドリンク等が置けて、焚き火やバーベキュー、ダッチオーブンが楽しめる

カマドダイ B6型用
2,200円

サイズ/約25×13.5×8cm
テーブル面/19.2×13.5cm
収納サイズ/約19.2×13.5×1.8cm
重量/約250g

脚を開くだけで簡単組立が嬉しいミニテーブル。カマドスマートグリルB6型を載せるドダイとしても、薪の延長台としても使える丈夫で錆びにくいステンレス製が嬉しい

クレセント 3人用ドームテント (アンバー)
13,200円

サイズ/約200×200×130cm
収納サイズ/約66×14×14cm 重量/約2.5kg

設営・撤収が簡単で、軽量・コンパクトに収納できるドーム型テン。雨の多い日本の気候を考えて、テント全体を被うフルフライ仕様。2本のポールをX型に交差させたベーシックな構造だ

86

YELLOW PACKAGE
スタンダードドームテント&タープセット＋
19,800円

サイズ/プレーナ ドームテント／約270×270×170cm
　　　　プレーナ ヘキサタープセット／約400×420cm
収納サイズ/プレーナ ドームテント／約58×19×19cm
　　　　　プレーナ ヘキサタープセット／約70×14×14cm
重量/プレーナ ドームテント約6kg
　　　プレーナ ヘキサタープセット約3kg

リーズナブルながらドームテントとヘ
キサタープがセットされたベーシック
モデル。数量限定で残りわずかとなっ
ているのでお早めにどうぞ

CSシャルマン ラウンジチェア（カーキ）
3,850円

サイズ/約82×51×80cm
収納サイズ/約14×14×84cm
重量/約2.3kg

ベーシックなキャンプ定番のラウン
ジチェアは便利なカップホルダー付
き。テントやタープとカラーを揃え
るとおしゃれなサイトが作れて、見
栄えも良いことこの上なしだ

ビストロ
ぴったりキッチンテーブル

CSフォレストカフェ シリーズ

アウトドア事業部企画開発室
吉田 直城サン

**キャプテンスタッグのスタッフが
オススメのキャンプ道具**

　注目の新製品は3つ。オーリックフィットテーブルは、キャプ
テンスタッグを代表するロングセラー商品、オーリック小型ガス
バーナーコンロを取り付けられるミニテーブル。ビストロぴった
りキッチンテーブルは身長に合わせてテーブルの高さを3段階に
調節できる置き場に困る調理小物を吊り下げられるフック付ハン
ガーをはじめ、テーブル下の網棚、両サイドテーブル、ランタン
ハンガーが標準装備しています。CSフォレストカフェ シリーズ
は、軽量で衝撃に強いトライタン製のカフェシリーズ。ガラスの
ような透明度を持っていますが、落としても割れず、家だけでな
く外でも気軽に使えます。森をイメージした4色のカラー展開。
ホット・アイス両方に対応していて、タンブラーはスタッキング
可能で持ち運びも便利でオススメの新製品です。

オーリック フィットテーブル

バーベキューシェフ ペティー #004
5,500 円

全長/225mm
刃長/95mm
収納時サイズ/125mm
重量/142g

ハンドルは固い木材のタガヤサン天然木を使い、ブレードは錆に強い440Cス
テンレス製。バーベキュー、家の台所でも活躍する折りたたみペティーナイフ。
片手で素早くブレードを展開できるライナーロック式だ

[エイアンドエフカントリー]　aandf.co.jp

いいモノだけを世界から！
創業期から日本のアウトドアを支えてきた

> **A&Fカントリーのリーズナブルポイント！**
> ギアと人、ギアと自然、人と人をつなぐエイアンドエフ。自
> 然の大切さを学ぶことができるギアを発信し続けているのが
> ポイントだ。創業者・赤津氏の理念をもとに面白いギアを探
> し出し、世の中に広めてくれる稀有なブランドだ

サバイバルストーブ
12,100円

収納サイズ/9.2×12.6φ㎝
重量/800ｇ

ソロキャンプ時に調理や暖を取るにも最適なサバイバ
ルストーブ。レーシングカーのスーパーチャージの機
構同様に、本体の底にある小型モーターにより多量の
空気を送り込み、燃料を完全燃焼させ、抜群の火力を
作り出してくれるスグレモノだ

1977年創業のエイアンドエ
フは、長くキャンプを続ける愛好
家には外せないブランドだ。ロッ
ジやベアボーンズ、ヘリノックス、
イエティなど、取り扱う人気ブラ
ンドも多い中で、創業からの経験
で培ったアウトドアに対しての情
熱と知識を生かしたオリジナルギ
アも注目なのだ。テントブランド、
サバティカルもエイアンドエフの
ノウハウが生きたニューフェイス。
アウトドアを知り尽くしたエイア
ンドエフならではのギアが揃う。

ベアボーンズ
ミニエジソンランタンLED
5,500円

ルーメンHigh/100
ルーメンLow/35
ランタイムHigh/5時間
ランタイムLow/20時間

A&Fがインポートするベアボーン
ズのLEDランタン。ソロキャンプ
用にピッタリのサイズで、電池式
（単三電池2本）の小型LEDランタン。
エジソンタイプ球のLEDを採用し、
雰囲気ある仕上げ。USBを繋いだ
状態でも使用可能が◎だ

サバティカル
モーニンググローリー TC
59,800円

設営しやすいワンポールにサブポールを加え、使い勝手のいいリビングスペース、開放感のあるビューを実現したTC素材の小人数用のシェルター。直線で構成されながらも躍動感あるフォルムを実現した。大きなコストや過分なパーツをかけるという方法ではなく、デザインとアイデアでワンポールを進化させたコスパのいい、美しいシェルターなのだ

サバティカル
モーニンググローリー インナーテント
15,800円

サイズ/62×26×16cm
重量2.55kg

A&Fのオリジナルブランド、サバティカルのモーニンググローリーTC専用のインナーテント。インナーテントを吊るせば、2人仕様のツールーム空間ができあがる

メタルマッチ
1,320円

サイズ/102mm×23mm
重量/45g

シンプルで使いやすく、1本で3,000回以上の火を起こすことができる。メタルマッチは希土類元素セリウムのレアアースメタルから作られたファイヤースターター。キャンプに出掛けたら火起こしから始めてみると楽しくて、テンションも爆上がり、まちがいなし

ロッジ スキレット
10-1/4インチ ディアーロゴ
6,050円

サイズ/25.7φcm
重量/2.54kg
深さ/4.7cm

裏側に鹿がデザインされている120年余りの歴史があるLODGE（ロッジ）社のスキレット。分厚いステーキを焼いたり、煮込み料理にもオススメ。シーズニングに慣れて、一生使える相棒にしたい逸品だ

キャンプキッチンクロス
660円

サイズ/150mm×300mm
内容量/60枚

キャンプの調理や食事の時にあると便利なマストアイテム。四国の清流、仁淀川の恩恵を受けた紙の町で製造されたキッチンクロス。水も油もしっかり吸収し、濡れても破れにくいため繰り返し使えてリーズナブルなのだ

ファイヤースタンド
20,680円

サイズ/28.5×29.5×22cm、
収納時サイズ/31×31×3cm
重量/4.9kg

シンプル構造で組立も簡単。厚さわずか3cmの箱型ベースプレートに折りたたむことができ、錆びにくい1.2mm厚のステンレススチールで作られている焚火台。堅牢な作りで10インチ以下のダッチオーブンを乗せることが可能だ

シェラカップ
1,760円

サイズ/105φmm×54mm
重量/105g
容量/300ml

板厚は0.6mmと丈夫で長持ち。バーナーで加熱した際に炎の影響を受けにくいように適切な位置にハンドルを設定。カップ形状、メモリ表示部分などもすべてを一から見直しリデザインしたのが、A&Fのシェラカップだ

エイアンドエフ
マーケティング部 赤木夕子サン

カウンシル ツール
プレミアム ハドソンベイ ベルトハチェット
30,800円

柄長/約35.6cm　重量/約567g
レザーマスク付

優れた靭性と刃の保持力を備えた小型の斧。焚き火の薪を割ったり、キャンプファイヤーの周りの雑用に最適なハチェット。ストラップ付のレザーマスクが付属し、持ち運びも容易だ

A&Fカントリーのスタッフが
オススメのキャンプ道具

　135年以上の歴史と培われた技術、細部まで米国製にこだわった誇りあるブランド「COUNCIL TOOL（カウンシル ツール）」がオススメです。鍛造の工具を自社で製造する家族経営のブランドで、米国で最も古い工具製造および鍛造事業の1つ。135年以上にわたる品質、信頼性、および専門知識に支えられ、米国製の頑丈な国内最高の製品ラインを消防、警察のプロユースからデイリーユースまで幅広く提供しています。門外不出ともいうべき製品群は長年米国でのみ販売されてきました。今回日本初上陸の注目ブランドです。

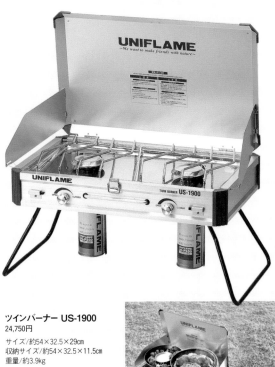

フィールドラック ブラック
4,510円

サイズ／約60×35×23cm
収納サイズ／約60×35×1cm
重量／約1.7kg

キャンプ界の無印良品。このラックの便利さに気付くとサイトの収納には困らない。4段重ねで収納抜群なラックに、2段重ねで棚付きのローテーブルにもなるスグレモノだ

ツインバーナー US-1900
24,750円

サイズ／約54×32.5×29cm
収納サイズ／約54×32.5×11.5cm
重量／約3.9kg

ファミリーやグループでの調理にシェアして欲しいがコチラ。約3.9kgと軽量な上にハイパワーと高強度を実現。カセットボンベ式で取り扱いも簡単でメンテも楽なのだ

UNIFLAME
~We want to make friends with nature~

[ユニフレーム] www.uniflame.co.jp

アウトドアの楽しさを引き出す！
炎を燃やし続けるユニークなブランド

ユニフレームのリーズナブルポイント！
ニッポンのキャンプを意識したモノづくりで、ユニフレームが創り出した快適な道具たちは、多くのキャンパーを笑顔にしてくれるのがポイントだ。総頁84の立派なカタログを見れば、ユニフレームのテーマである、いつも自然と仲良くしていきたいという気持ちを応援してくれるキャンプ道具に出会える。

アウトドアギアの聖地とも言える新潟・燕三条からキャンパーへ。使い方はシンプルで分かりやすいキャンプ道具づくりにこだわるのがユニフレームだ。1985年に生まれた日本のアウトドアメーカーとして、日本の風土や文化を背景にしたアウトドアスタイルを作り続けている。ハードに使っても壊れにくく、質実剛健な焚き火ギアやグリル、ツインバーナーなど、ユニークな炎（フレーム）を創造するブランドだ。

キッチンスタンドIII
19,250円

サイズ／約115×37×78cm
収納サイズ／約54×37×11cm
調理台／約36×54cm
棚板／約30×40cm
重量／約5.8kg

仲間でシェアして持ちたい逸品。ツインバーナーやキッチン道具が多数載せられ、野外の台所として使い勝手が見事に計算されている。コンパクトに収納できるのも◎

焚き火テーブル
7,920円

サイズ/約55×35×37cm
収納サイズ/約55×35×2.5cm
重量/約2.3kg

ユニフレームといえばこの焚き火テーブル。天板
のステンレスにエンボス加工を施し、熱・キズ・
汚れに強い。超薄2.5cm厚で、スタンドは天板に
ピッタリ収まるコンパクトサイズだ

クッカースタンド350
3,960円

サイズ/約44.5×16.5×13.5cm（ゴトク下部約12cm）
収納サイズ/約35×16.5×2.5cm
重量/約595g

使い勝手のよい調理スタンドで、小型シン
グルバーナーが2台使用可能。焚き火など
での直火もOKだし、ステンレス製でサビ
に強く耐久性に優れたキャンプギアの名作

ファイアグリル
7,700円

サイズ/約43×43×33cm
収納サイズ/約37.5×37.5×7cm
重量/約2.7kg

コチラも人気のファイアグリル。大人数のファミ
キャンでは、炉が底部に向かってテーパー形状に
なっているので2台同時使用もおすすめ。リーズ
ナブルでちょうど良いサイズなのだ

山ケトル900
4,950円

収納サイズ/約Φ16.6×7.6cm
重量/約186g

心憎いのは、ステンレス製のハンドルに穴を設け
ることで熱くなりにくくしているところ。満水容
量約0.9リッター。持ち運びやすく、お湯が早く
沸く横広タイプのケトル

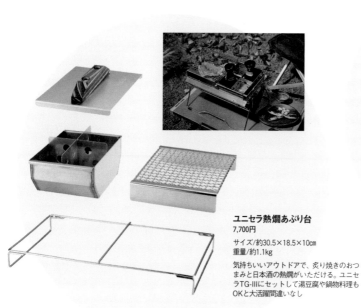

ユニセラ熱燗あぶり台
7,700円

サイズ/約30.5×18.5×10cm
重量/約1.1kg

気持ちいいアウトドアで、炙り焼きのおつ
まみと日本酒の熱燗がいただける。ユニセ
ラTG-IIIにセットして湯豆腐や鍋物料理も
OKと大活躍間違いなし

ユニセラ TG-III
13,200円

サイズ/約31.5×25×19cm
収納サイズ/約31.5×16.5×8.5cm
重量/約3.1kg

焼きたての美味しさが楽しめる4～5人にぴっ
たりの卓上バーベキューグリル。V字底部から
風を吸い上げ、空気を大量に供給。火とセラミ
ックパネルのW遠赤で焼きを極めた逸品

薪グリル
14,300円

サイズ/約47.5×30×35cm
収納サイズ/約25×45.5×6.5cm
重量/約3.6kg

火加減や調理に合わせてゴトクの高さが調節できるステンレス製かまどタイプ。焚き火や炭火での調理が楽しめ、ダッチオーブンやスキレット料理も可能となっている便利なグリル

焚き火ベースsolo
15,950円

サイズ/ワイヤー:約46×50×55cm
炉:約45×26.5×14cm
収納サイズ/約46×36×8.5cm
重量/約3.8kg

35〜40cm程度の市販の薪を使用するのにちょうどよい焚き火台。各パーツは分解・折りたたみ式で、コンパクトに収納できるのも使い勝手が良くて嬉しいところだ

ダッチオーブン

ユニフレームのスタッフが
オススメのキャンプ道具

オススメのキャンプギアはダッチオーブンです。シンプルな調理ほど美味しくなって、家庭で料理しにくいものがキャンプだと簡単にできるのでオススメします。さらに、ユニフレームの最新製品、REVOスクエアタープ3×3 TC/TAN。TC素材で1〜2人くらいのユーザー向けタープになっています。別売のハーフサイズとフルサイズのウォールを使用するとオールシーズン対応できて重宝します。

新越ワークス/
ユニフレーム事業部
ダッチ3兄弟サン

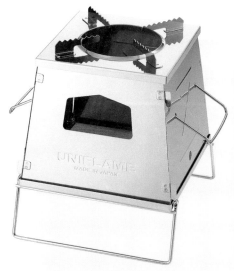

ネイチャーストーブ ラージ
8,800円

サイズ/約21×23.5×25cm
収納サイズ/約20.5×21.5×4.5cm
重量/約1.2kg

上部ゴトクを取り外して、キャンプ羽釜3合炊きが使える。身近にある小枝や落ち葉などの自然エネルギーを集めて、燃やして楽しむことができるエコロジカルなストーブ

LOGOS®
OUTING EQUIPMENT

[ロゴス] www.logos.ne.jp

メイプルリーフが目印の
家族が笑顔になる道具が揃う!

ロゴスのリーズナブルポイント!

ファミリー層に向けたロゴスは「やさしいロゴス」をテーマに小さな子供や女性でも使えるような製品づくりを大切にしている。組み立て簡単で時短に使えるものが多い。末長く使えるように修理対応も可能だ。また、備えるキャンプグッズとして災害時など、まさかの時に寒さを防ぐ寝装やグリル、炭など、ロゴスの道具は、いざという時にも使えるのがポイントだ。

もっとも身近で、親しみやすいアウトドアブランドがロゴスだ。Enjoy Outing! をテーマに、家族にやさしいキャンプギアからテーマパークまで、新しい提案と楽しいキャンプ道具が揃っている。さらにロゴス公式SNSでは、アウトドアの楽しみ方や魅力も伝えてくれる。TikTokのフォロワー数はアウトドア業界でもNO・1。起承転結がわかりやすく、親しみやすい投稿が人気なのだ。そしてロゴスはとりわけ女性目線を大切にした、便利でしっかり使えながらも、キュートでおしゃれなアイテムが多い。キャンプにBBQ、フェスでも人気なのがロゴスの道具だ。

ゆらゆらハンモックチェア
14,800円

サイズ/約117×90×68cm
収納サイズ/約26×92×20cm
重量/約5.2kg

ゆらゆらと心地よくゆれるハンモックとチェアの2WAYに対応した新感覚の快適さ。ベルトで背もたれの角度を簡単に調節することができ、ヘッドレストとドリンクホルダーも装備。組立て式でスリムに収納でき、持ち運びも容易だ

the ピラミッドTAKIBI L
12,900円

サイズ/約39×38.5×28cm
収納サイズ/約26.5×42×7.5cm
重量/約3.1kg

ゴトク付きで料理も楽しめる本格たき火台。オプションパーツで便利にカスタムできる。ダッチオーブンを置いての料理はもちろん付属の串焼きプレートを使って魚の串焼き料理もOk。2個のゴトクが互いに補強しあう独自構造により抜群の強度で、簡単組立てなのも嬉しいポイントだ

ナバホ Tepee 300-BB
27,000円

収納サイズ/約18×52×18cm
重量/約4.1kg

組み立てがカンタンなワンポールで、ナバホ柄がお洒落なロゴスの代名詞的ティピーテント。7075超々ジュラルミンを使った軽量で強靭なフレームを採用したシンプル構造。コンパクトに収納できて、持ち運びも簡単

抗菌防臭
丸洗いウォーマーシュラフ・-4
12,000円

サイズ/約190×80cm
収納サイズ/直径33×42cm
重量/約2.6kg

丸洗いOKの抗菌防臭加工済で、-4度まで対応のたっぷり中綿のあったか仕様。首元からの冷気を防ぐネックウォーマー構造で、ネックウォーマーは枕としても使用可能。連結もできて、家族で使えるスグレモノだ

アイアンメッシュ 3FD BBQテーブル
29,800円

サイズ/メインテーブル:約130×70×82/157cm
センターテーブル:約46×41×20.5cm
重量/約6.2kg

ランタンポール付きで、高さを2段階に調整できるBBQテーブル。放熱性に優れたスチールメッシュ天板を使い、チェアに座りながら焚き火やBBQが楽しめる。センターテーブルは単独で使用可能。別売りの「ピラミッドTAKIBI」「グリルアタッシュ」など、グリルやたき火台をセットできるのが特徴だ

ゆらめき・クラシコロッジランタン
12,800円

サイズ/約直径18.5×36cm
重量/約910g
常用点灯時間/強/約27時間、弱/約400時間
蓄電方式/USB蓄電

竹素材を使用したクラシカルなガス灯風ボディのランタン。USBケーブルでPC等から本体に蓄電できる。USB出力ポートを装備し、スマートフォンに充電も可能。周囲を照らしたい時は傘を外して、卓上を照らしたいときは傘を付けると下方向へ光が広がる。安全、静か、環境にやさしいLEDランタンは長寿命でコスパもいい

スウェーデントーチ
2,980円

サイズ/約直径15〜18×30cm
重量/約2.9kg

切り込みを入れた丸太に直接火をつける北欧で古くから親しまれてきたトーチ。直接調理器具を置いて調理もOK。ロケットストーブ型で、燃焼時間が約1.5時間で、風に強く長時間の使用が可能だ。

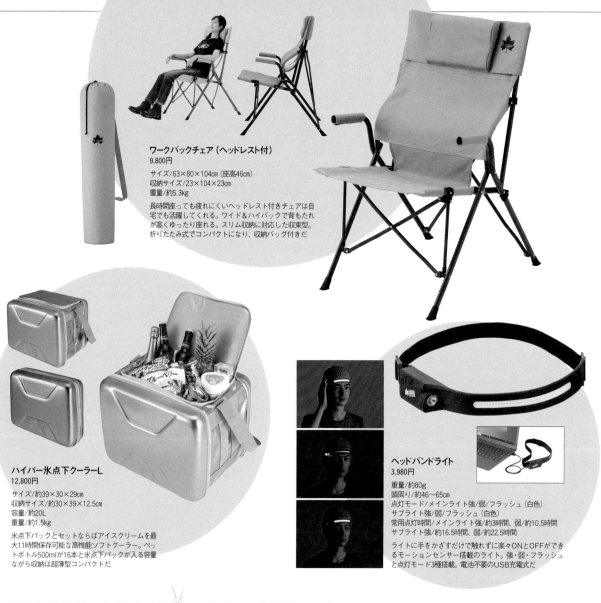

ワークバックチェア（ヘッドレスト付）
9,800円

サイズ/63×80×104cm（座高46cm）
収納サイズ/23×104×23cm
重量/約5.3kg

長時間座っても疲れにくいヘッドレスト付きチェアは自宅でも活躍してくれる。ワイド＆ハイバックで背もたれが高くゆったり座れる。スリム収納に対応した収束型。折りたたみ式でコンパクトになり、収納バッグ付きだ

ハイパー氷点下クーラーL
12,800円

サイズ/約39×30×29cm
収納サイズ/約30×39×12.5cm
容量/約20L
重量/約1.5kg

氷点下パックとセットならばアイスクリームを最大11時間保存可能な高性能ソフトクーラー。ペットボトル500mlが16本と氷点下パックが入る容量ながら収納は超薄型コンパクトだ

ヘッドバンドライト
3,980円

重量/約80g
頭周り/約46〜65cm
点灯モード/メインライト強/弱/フラッシュ（白色）サブライト強/弱/フラッシュ（白色）
常用点灯時間/メインライト強/約3時間、弱/約10.5時間
サブライト強/約16.5時間、弱/約22.5時間

ライトに手をかざすだけで触れずに楽々ONとOFFができるモーションセンサー搭載のライト。強・弱・フラッシュと点灯モード3種搭載。電池不要のUSB充電式だ

PROマルチツール16
6,500円

防災用品としてもオススメ。猟師免許のあるMDがコストをおさえつつ、機能性を充実させた実用性抜群のマルチツール。クラファンで659%の達成率の人気製品で、キャンプ場に着いてから必要なものがない、という失敗をなくすことができる

ロゴスコーポレーション
企画広報部 根岸恵莉子サン

ロゴスのスタッフがオススメのキャンプ道具

23式ハンゴウ（2合）
9,800円

自衛隊規格の金型で製造した安心の品質で、つるのデザインはロゴスオリジナル。コンパクトな収納やつるを伸ばした状態での蓋の開閉が可能。なかごを使用して同時調理もOK。横長の飯盒は火力が全体に行きわたり、美味しく炊けるのもポイントだ

オススメは2つ。23式ハンゴウ（2合）とPROマルチツール16です。初心者ブランドとイメージの強いロゴスですが、実は初心者をターゲットにしているわけではなく、家族が笑顔になる場所をつくることがロゴスの想いです。ロゴスの製品は海辺5mから標高800mまでの製品づくりを大切にしています。誰でも楽しめる範囲のアウトドア用品を提供し、家族の時間を長く過ごしてもらいたい。そのために組み立てが簡単で時短になる製品のほか、かゆいところに手が届くような便利な製品が多いので、安心して使用して頂くことができます。是非まだキャンプをはじめたことがない人もロゴスのアウトドアからはじめてみてはいかがでしょうか。

DOD

［ディーオーディー］www.dod.camp

真面目な機能性とユニークなネーミング！
使うと分かるしみじみ良いギアが揃う！

DODのリーズナブルポイント！

おしゃれで、機能的で、こんなギアがあったらいいな、を実現してくれるDOD。ポイントは、ウェブサイトwww.dod.campが秀逸なこと。カラーで道具が選べたり、ギアの使い方や魅力がわかりやすい。自分に合ったギア選びが無駄なくできるのがリーズナブルだ

うさぎのマークでお馴染みのDOD。おちゃめな関西ノリのネーミングが思わず笑ってしまう。が、機能性には絶対の自信と覚悟がある名品ギアが多い。キャンパーの悩みや辛さがよく分かった上で、開発設計されたキャンプ道具。おしゃれなセンスに、多機能で、かゆい処に手が届く、親切でやさしいキャンプギアばかり。なんといっても作り手の遊び心がしっかり伝わってくるのがキャンパーにはたまらない魅力なのだ。

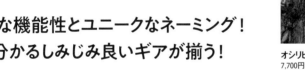

いつかのタープ
10,700円（参考価格）

サイズ／約420×410cm×230cm
収納サイズ／約67×14×14cm
重量／約5.4kg

タープ本体の他にペグ、ロープ、高めのポール2本、キャリーバッグ、延長ベルトが付属するオールインワン。キャリーバッグに付属品一式をコンパクトにまとめて収納可能な上に、組み立てのコツも縫い付けてくれている。はじめてキャンパーさんにやさしいタープだ

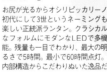

オシリピッカリーノ3世
7,700円

サイズ／約直径9.7×15.2cm
USBケーブル長さ／約30cm
重量／約410g

お尻が光るからオシリピッカリーノ、初代にして3世というネーミングも楽しい正統派ランタン。クラシカルなフォルムにモダンなLEDで多機能。残量も一目でわかり、最大の明るさで5時間。最小で60時間点灯。内部構造からこだわりぬいた逸品だ

ミスタードングリ
4,400円

サイズ／約直径10.1×10.5cm
ケーブル長さ／約2m
重量／約160g

おウチでも野外でも使える場所を選ばないUSB電源のLEDライト。余ったケーブルはシェードの中に収納できて見た目がすっきりする。5台連結もできるし、高さ調整もできるカラビナ付きなのが便利

ヤバイッス
13,750円

サイズ/チェア本体：約W58×97×86/95/101cm
オットマン：約61×46×43/47/51cm
収納サイズ/約61×46×11cm
重量/約3.4kg

青空を仰ぎ見て、ゆったり寝れちゃうオットマン付きのハイバックチェア。薄型のコンパクト収納で持ち運び楽々。どこでもリラックス。3段階の高さに、6段階の角度調整が可能とどんだけ多機能なの！

キャンプタマイーレ
5,500円

サイズ/バスケット：約42×31cm
ボール：約直径5cm
重量/バスケット：約500g ボール1個：約45g

キャンプのときのお遊びに玉入れ大会を！ボールさえあれば親子でグループで楽しめるバスケットとボールのセット。紅白に分かれて運動会。DODが真面目に作ったキャンプの遊び道具。ヤーツ同様、遊び心があるDODらしい逸品だ

わがやのテントL
38,500円

サイズ/約280×280×156cm
インナーサイズ/約275×205×142cm
収納サイズ/約95×26×26cm
重量/約10.5kg

インナーテント単体でデイキャンプの日除けに。フライを被せて宿泊用テントとして。シェルターに入れてカンガルースタイルと多目的で、長く使えるからとってもリーズナブル。一人で設営できるワンタッチ構造で、はじめてキャンパーさんにオススメ。サイズもS、M、Lと揃っている

オヤコチェア
12,100円

サイズ/約W89×D70×H82cm
収納サイズ/約W89×D16×H78cm
重量/約5.5kg

DODの名作チェアはスゴイッス、ローローバーチェアなど多数。コチラは親子で楽しめるように1.5人掛け。家族にやさしいDODならではの幅広設計。ふかふかなクッションカバー付きで気持ちもゆったりリラックスできる

タタメルンダーZ
13,200円

サイズ/四輪モード：約81×45.5×91cm
二輪モード：約41.5×45.5×110cm
収納サイズ/約65×39×12cm
重量/約7.4kg

マンションキャンパーの悩み＝道具の運搬の辛さを多機能で解決した、ちょうどいい台車。四輪モード、小回りが利く二輪モード、タイヤまで薄く畳める収納モードと自在に変形する。マジンガーZのような強い味方なのだ

ジミニーテーブルS
7,700円

サイズ/約60×44×41.5cm
収納サイズ/約45×9×20cm
重量/約3.2kg

薄型収納の専用キャリーバックで持ち運べる。おしゃれなウッド天板は天然木（ブナ）使用。ソロからデュオにちょうどいいサイズ感で、ロースタイルにピッタリだ

トゥリーイラヘン
29,700円

組立サイズ/約350×86×177cm
インナーサイズ:約220×86×50cm
収納サイズ/約17×33×132cm
重量/約17.4kg

どんなキャンプ場でもハンモックキャンプができる、木がいらないハンモック。自立スタンド付きのハンモックにタープとメッシュを付けることで、就寝可能なソロテントにもなる。虫の侵入を防ぐメッシュ付きで夏場も快適だ

ビッグタープポール
5,200円（参考価格）

サイズ/約直径2.8×254cm
収納サイズ/約58×14×3cm
重量/約1.1kg

軽くて頑丈なアルミ合金タープポールは、リアルな木目調プリントがおしゃれ。タープ天井高250cmの快適な空間を作り出す逸品ポールだ

ソフトくらお（23）
7,240円

サイズ/約40×29×29cm
インナーサイズ/約35×25×26cm
重量/約1.3kg

23Lサイズのソフトクーラーバッグは、極厚断熱材を使用したキャンプやBBQで扱いやすい設計。買い物かごサイズの収納力に、31時間氷をキープする保冷性能。トップ&サイドハンドル、肩掛け用ベルトでラクラク持ち運べる

おとなのまきちゃん
39,600円

サイズ/全体組立時：約50×31×256cm
ストーブ本体:約47×27×28.5cm
煙突直径:約8.1cm
収納サイズ/約51×32×30cm
重量/約18.7kg

本格的だけど扱いやすいオールインワン薪ストーブ。ピザやスキレット料理などのオーブン調理もできて、付属の煙突やダンパーは薪ストーブ本体内部に収納可能。コンパクトに収納して持ち運びしやすい設計が素晴らしい

放浪フタリパン
8,800円

サイズ/本体：直径25×3.8cm
フタ：直径22.1×2.4cm
ハンドル：5.7×3.1×16.5cm
重量/約1.1kg

本体とフタの両方で調理ができ、ハンドルを外せばお皿としてテーブルに並べられる。熱々のフタは、ハンドルに内蔵された磁石取っ手を引っ付けることでフタの取り外しが可能。手入れが簡単なこだわりの国産ホーローパンだ

DODのスタッフが
オススメのキャンプ道具

めちゃもえファイヤー
17,300円（参考価格）

オススメは2アイテムです。キノコテントは他にはないポップなデザインが目を引くファミリー用テント。家族3〜4人が十分にくつろげるスペースを確保。ワンタッチ式のため設営撤収に時間がかからず、その分アクティビティや家族団らんの時間を多く取れるのが嬉しいポイントです。そして、気軽に二次燃焼を楽しめる焚き火台がめちゃもえファイヤー。二次燃焼というとハードル高く感じがちですが、燃焼効率の高さゆえにサクッと始められ、燃え残りが少ないためお手入れも簡単。初心者さんにも扱いやすい焚き火台です。

DOD広報
辻 未鷹サン

キノコテント
39,600円

[ニトリ]　www.nitori.co.jp

気軽におウチでもキャンプでも使える!
ニトリ目線が嬉しい
リーズナブルなギアが揃う

ニトリスキー=スキレット鍋やダッチオーブンなど、キャンプ好きが密かに注目するアイテムが発売されている。ゆえに売り場やネットを定期的にチェックしたくなるのがニトリだ。アウトドアブランドではないが、それだけに自由な発想で作られ、便利で手軽に使えて、リーズナブルな、キャンプに使えるニトリならではの目線で作られた道具が揃っているのだ。

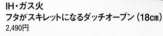

IH・ガス火
フタがスキレットになるダッチオーブン (18㎝)
2,490円

サイズ/23×19.7×8.8㎝
重量/約2.58kg

ダッチオーブンがこの価格で! という喜びと品質も「お、ねだん以上。」なのがニトリならでは。焚き火台で、グリルで、ダッチオーブンを使って調理。さらにフタでステーキも焼けるスグレモノだ

ニトリのリーズナブルポイント!
おウチで使えて、キャンプでも使える。おしゃれだけど、便利に使える。品質のいいものをできるだけリーズナブルに。「お、ねだん以上。」に快適で心地いい。ニトリのアイテムには、それぞれに「だから欲しくなる」ポイントがあるのだ。

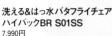

洗える&はっ水バタフライチェア
ハイバックBR S01SS
7,990円

サイズ/77.5×78×95㎝
収納サイズ/21x21x112.5㎝
重量/約4.5kg

アウトドアに持ち出しても、はっ水加工付きで汚れにくい。さらに座面を外して洗えるから汚しても安心だ。首までゆったりのハイタイプで、クッション量も多くて座り心地もいい

ニトリのスタッフが
オススメのキャンプ道具

ニトリでは、キャンプの主役となるようなシェードやチェアなどの大きなものから、BBQ等に重宝するスキレット鍋などの小物まで、様々なアウトドア用品を取り揃えております。今回ご紹介した「洗える&はっ水バタフライチェア」は、畳んでコンパクトになり、持ち運びや掃除がラク。家でも外でも、場所を選ばずご使用いただけるアイテムです。ぜひ、店頭やニトリネットで商品のラインアップをご覧ください。

ニトリホールディングス
広報部 大塚由香里サン

IH・ガス火 スキレット鍋
(6インチ 15㎝)
399円

サイズ/25.5×15.7×3.3㎝
重量/約720g

ニトリといえばスキレットの大流行を産んだ発信源だ。リーズナブルな価格で使えるアイテムがコレ。保温性が高く冷めにくく、使い勝手がいい鋳鉄のフライパンだ

グランポッド640
3,990円

サイズ/64x40x38cm
重量/約3kg

キャンプ道具を収納して持ち運ぶのに便利。パッキン付きで雨や埃が入りづらい。頑丈設計で耐荷重100kgなのでテーブルや椅子としても使える収納ボックスだ

アウトドアランタンL S01ST
1,990円

サイズ/12.5x12.5x23.5cm
収納サイズ/12.5 x 12.5 x 20.5

防災用品としても欲しいランタンは、光源2段階（400ルーメンと120ルーメン）と、常夜灯の3つに切り替え可能。吊るす、持つ、置くことでサイトのまわりを明るく照らしてくれる

CS林間 兵式ハンゴー（4合炊き）
2,990円

サイズ/18x11x13.5cm
※ニトリネットのみ取り扱い

ファミリーキャンプやグループキャンプでも活躍してくれる4合炊きのハンゴー。ご飯はもちろん煮物、蒸し物、蓋で焼き物もできる! 調理万能キャンプ道具だ

LEDランプ（ホルン）
2,490円

サイズ/10.5×10.5×25.5cm
重量/約250g

デザイン性が高く、おしゃれなLEDランプ、ホルン。お家でもキャンプでも便利に使える逸品。光源は白色LED×3個で、3段階に明るさ調節ができる。ほのかな明かりでリラックス気分が味わえる

簡単収納タープ付きシェードSZ
7,990円

サイズ/217x159x131cm
収納サイズ/15x15x105cm

夏キャンプにぴったりのシェードがコレ。広げるだけで設営カンタン。シルバーコーティングで断熱性をアップし、UPF50+で紫外線カット。日陰を作るタープ付き（ポール、ロープ、ペグ）だ

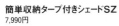

エクストリームダウンシュラフ400
（キャンプ用：マミー型）
9,800円

サイズ/約195×70cm（足元幅約30cm）
収納サイズ/約55×37cm
重量/約1.0kg

春・夏・秋の3シーズン対応の快適なダウンシュラフ。ダウンと吸湿発熱わたなので保温性もいい。コスパ最高の使えるシュラフだ

エクストリームダウンシュラフ600
12,800円

サイズ/約215×70cm（足元幅 約30cm）
収納サイズ/約57×38cm
重量/約1.2kg

エクストリームダウン600ｇ入のオールラウンダーなマミー型で耳まで暖かい。3月上旬〜6月下旬、8月下旬〜11月下旬がオススメ季節

TCサバイバルタープ
9,800円

サイズ/約350×350cm
サイズ/約35×35×8cm
重量/約3.5kg

雨をしっかり弾き、高撥水加工で使い勝手もいいT/C生地を採用したタープ。ガイロープはアルミ製スライダー付きリフレクトロープ6本が付属。ダイヤモンド張りの他、ステルス張りやビークフライ、パップスタイルなど設営方法は、無限大だ

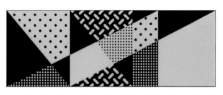

WORKMAN

［ワークマン］ www.workman.co.jp

高機能プラス驚きの低価格で
キャンパーから熱く支持される

ワークマンのリーズナブルポイント！

プロの職人に支持される道具や服。バイク乗りや釣り人に愛されるウェア。冬の防寒、夏の対策など高機能ウェアに使われた素材や技術がキャンプ道具に生かされている。高機能で低価格。ここがワークマンのポイントだ。

【WEB限定】
燃え広がりにくいダイケイタープ
12,800円

サイズ/約400×230c×230×裾部長さ228cm
収納時サイズ/約57×16×16cm
重量/約8.2kg

火の粉が付着しても燃え広がりにくく、耐水圧2,000mmの本体生地で雨にも強い。約230cmのポールを4本付属した台形型タープ。パップ風のスタイルがオススメだ

【WEB限定】
燃え広がりにくい
キャンピングベンチ
5,800円

サイズ/約54×60×74/38cm
重量/2.8kg

燃え広がりにくい素材を使ったベンチ。背もたれが大きく、ゆったりとリラックスできる。ひじ掛けはブナの木で風合いがいい。アルミ製フレームを採用し、軽量で折り畳み可能。持ち運びも最小スペースでOKだ

働くプロの過酷な環境で鍛えられたのがワークマンのギアだ。ワークマンが開発したテント、シュラフは、高機能なのに、値札を見ないで買える安心の低価格が驚きを与える。そして、キャンパーの声を大切に製品開発する、当たり前のことをしっかり生かしている。キャンパーは自然の中の職人。職人が気持ちよくしごとをするために、暖かく、使い勝手が良く、雨にも強く、夏は涼しい。低価格なのに職人が認める機能性があること。これこそがワークマンの最大の魅力なのだ。

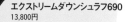

【WEB限定】
高撥水TCタープ
15,000円

サイズ/約450×450×230cm
収納サイズ/約16×16cm×60cm
重量/約6.8Kg

5本継231cmポールを2本付属し、ワークマン最大
サイズ450×450cmのタープ。高撥水加工で雨を
しっかり弾く。ポリエステルと綿を使った素材で、
生地に厚みがあり、影をしっかり作れる

エクストリームダウンシュラフ690
13,800円

サイズ/約215×70cm（足元幅約30cm）
収納サイズ/約65×39cm
重量/約1.4kg

ネックバッフル付きで暖かい。エクスト
リームダウン690gの軽量コンパクトな
シュラフ。3月上旬〜6月下旬、8月下旬
〜11月下旬が使用オススメ季節だ

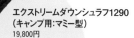

エクストリームダウンシュラフ1290
（キャンプ用：マミー型）
19,800円

サイズ/約215×70cm（足元幅約30cm）
収納サイズ/約77×41cm
重量/約1.9kg

中綿はダウン50%、フェザー15%と
吸湿発熱わたを35%を配合したワーク
マン最高峰の保温性を誇るシュラフ。
エクストリームダウン1290g充填し、
リーズナブルな価格が◎だ

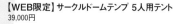

【WEB限定】サークルドームテンプ 5人用テント
39,000円

使用サイズ/約370×220×210cm

シェルターとしてもテントとしてもタープとして
も使える、略してテンプ。開発者の欲しい機能が
たくさん詰まったワークマンのオリジナル

ワークマン
広報部 鈴木悠耶サン

ワークマンのスタッフが
オススメするキャンプ道具

　オススメはピックアップボストンキャリーです。キャン
プ大好きな私ですが、最も億劫になるのがギアが多くなり、
持ち運びに手間がかかる事です。しかし、このピックアッ
プボストンキャリーがあれば、ソロテント、シュラフ、チ
ェアー、テーブル、ランタン、カラトリーといった最低限
のギアは収納でき、キャリーケースのようにラクに運んだ
り、地面が悪い所ではバックパック、ボストンケースとい
った3WAYで使用できるので便利です。キャンプだけでな
く、旅行でも使用できるのでひとつ持っていると生活の幅
が広がります。

【WEB限定】
耐久撥水ジョイントシェルター（1人用テント）
19,800円

サイズ/アウターテント:約250×270×225cm
インナーテント:約120×255×170cm
収納サイズ/約67×19×19cm
重量/約10.2kg

車とシェルターを吸盤で固定し、
車にジョイントできるカーサイ
ドシェルター。インナーテント
付きで車中泊だけでなくテント
でも泊まれるのが嬉しい

第3章 ぜったい欲しい！ 憧れブランド

※記事内における情報は原稿執筆時のものです。店舗により取扱いがない場合や価格変更および販売終了の可能性もあります。あらかじめご了承ください

新進気鋭のキャンプ道具ブランド

超注目のキャンプ道具たち
コレがあったらキャンプが100倍楽しめる

アウトドアブランドの超注目ギアを紹介しよう。
今回は、数ある新進気鋭のブランド中からとりわけ光り輝く、7つのブランドをフューチャー。
日々生まれくる魅惑的なギアを楽しみたい。

Corerocca　［コレロッカ］　www.corerocca.jp

薪割りクサビ 4,000円

子供にも楽しく薪割り体験をさせてあげたい！という熱い想いから生まれた500ml
のペットボトルより軽い薪割りクサビ。割りにくく、硬い広葉樹もサクッと割れる
頼もしいヤツなのだ。TSURUGI、にんじん、ロケットの3種がある。

BABACHO
［馬場長金物］
www.babachokanamono.co.jp

多喜火鉈 9,350円

薪割り用の11cmサイズの小割ナタ。国産
三条製でナイフのように使える。ハンドル
部分はウォールナットでサクラ材の柄もあ
る。革ケース付きで持ち運びも楽。女性で
も使いやすいのがポイントだ。

THE IRON FIELD GEAR
［ジ アイアン フィールド ギア］　tifg.jp

TAKI BE PAN mini
5,720円

鉄板にあいた小さな穴が最大のポイント
ホーロー加工だからシーズニング不要。
遠赤外線効果と焚き火の匂いがついてス
モーキー。余分な油も落ちて、ヘルシー
にお肉が美味しく焼ける鉄板なのだ。

104

Mt.SUMI

［マウントスミ］　mt-sumi.com

アウトドア薪ストーブ オーラ　59,840円

3面の大きなガラスで、贅沢に炎を眺めて楽しむマウントスミの二次燃焼薪ストーブ。前面のワイドガラスが扉になっているので、市販の薪（40cm）が楽に投入できる。広い天板や炉内で同時調理を楽しむこともできる。

LALPHA

［ラルファ］　www.lalpha.net

アイアンシェルフミニREBORN
8,910円

天板の空いている穴には、シェラカップがスッポリ入る、ラルファのアイアンシェルフミニ。コチラは、廃校になった小学校の机の天板を再利用したモノ。ブラックシェラカップも付いてくるのが嬉しいところだ。

COLONISTA

［コロニスタ］
colonista.jp

CONPE10 ホワイト
13,900円

職人が一つ一つ、手作業にて制作し、一生モノのアイテムとなるキャンプ用LEDランタンシェード。コチラは、特殊な縫製と構造で作りあげたCOLONISTAオリジナルのシェードなのだ。抽選販売。

DOWN TOWN GEAR

［ダウンタウンギア］　downtowngear.theshop.jp

下町ランタン
22,000円

東京下町の職人たちによって立ち上げられたアウトドアガレージブランド、ダウンタウンギアの真鍮製アウトドアランタン。職人の技術が詰まった極上の逸品。真鍮材を使っているから愛用するうちに経年変化する、一生付き合える、育つギアだ。

第3章　ぜったい欲しい！ 憧れブランド

　※記事内における情報は原稿執筆時のものです。店舗により取扱いがない場合や価格変更および販売終了の可能性もあります。あらかじめご了承ください

お問合せ一覧

DAISO [ダイソー]
www.daiso-sangyo.co.jp

Can★Do [キャンドゥ]
www.cando-web.co.jp

Seria [セリア]
www.seria-group.com

Watts [ワッツ]
watts-online.jp

WORKMAN [ワークマン]
www.workman.co.jp

NITORI [ニトリ]
www.nitori-net.jp

snow peak [スノーピーク]
www.snowpeak.co.jp

mont・bell [モンベル]
www.montbell.jp

PRIMUS/trangia [プリムス/トランギア]
www.iwatani-primus.co.jp

Iwatani [イワタニ]
www.iwatani.co.jp/jpn/consumer/products/cg/index.html

Coleman [コールマン]
www.coleman.co.jp

SOTO [ソト]
soto.shinfuji.co.jp

CAPTAIN STAG [キャプテンスタッグ]
www.captainstag.net

A&F COUNTRY [エイアンドエフカントリー]
www.aandfstore.com

UNIFLAME [ユニフレーム]
www.uniflame.co.jp

LOGOS [ロゴス]
www.logos.ne.jp

DOD [ディーオーディー]
www.dod.camp

Corerocca [コレロッカ]
colonista.jp

BABACHO [馬場長金物]
www.babachokanamono.co.jp

THE IRON FIELD GEAR [ジ アイアンフィールドギア]
tifg.jp

Mt.SUMI KYOTO [マウントスミ]
mt-sumi.com

LALPHA [ラルファ]
www.lalpha.net

COLONISTA [コロニスタ]
colonista.jp

DOWN TOWN GEAR [ダウンタウンギア]
downtowngear.theshop.jp

コスパ&リーズナブル
キャンプギア

STAFF

編集	多田壮一（オフィストッティ）
デザイン	EAGLE
写真	木村博道（EAGLE）
企画	高田史哉（ホビージャパン）

2023年5月19日 初版発行
発行人　松下大介
発行所　株式会社ホビージャパン
　　　　〒151-0053 東京都渋谷区代々木2-15-8
TEL　　03-5354-7403（編集）
FAX　　03-5304-9112（営業）
印刷・製本　大日本印刷株式会社